黃金有價書無價

時勢遷流我不流

易经与中医

南怀瑾 讲述

人民东方出版传媒
東方出版社

图书在版编目(CIP)数据

易经与中医/南怀瑾讲述.—北京:东方出版社,2022.1

ISBN 978-7-5207-1974-2

Ⅰ.①易… Ⅱ.①南… Ⅲ.①《周易》-关系-中医学-研究 Ⅳ.①B221.5②R2

中国版本图书馆 CIP 数据核字(2020)第 255326 号

易经与中医

南怀瑾 讲述

责任编辑: 王夕月 张莉娟
出　　版: 东方出版社
发　　行: 人民东方出版传媒有限公司
地　　址: 北京市东城区朝阳门内大街 166 号
邮　　编: 100010
印　　刷: 北京明恒达印务有限公司
版　　次: 2022 年 1 月第 1 版
印　　次: 2024 年 6 月第 10 次印刷
开　　本: 650 毫米×960 毫米 1/16
印　　张: 15
字　　数: 162 千字
书　　号: ISBN 978-7-5207-1974-2
定　　价: 42.00 元
发行电话: (010)85924663 85924644 85924641

如有印装质量问题,我社负责调换,请拨打电话:(010)85924602 85924603

编者的话

南怀瑾先生是享誉国内外，特别是华人读者中的文化大师、国学大家。先生出身于世代书香门第，自幼饱读诗书，遍览经史子集，为其终身学业打下了扎实的基础；而其一生从军、执教、经商、游历、考察、讲学的人生经历又是不可复制的特殊经验，使得先生对国学钻研精深，体认深刻，于中华传统文化之儒、道、佛皆有造诣，更兼通诸子百家、诗词曲赋、天文历法、医学养生等等，对西方文化亦有深刻体认，在中西文化界均为人敬重，堪称“一代宗师”。书剑飘零大半生后，先生终于寻根问源回到故土，建立学堂，亲自讲解传授，为弘扬、传承和复兴民族文化精华和人文精神不遗余力，其情可感，其心可佩。

二十世纪七十年代，南怀瑾先生应邀为中医学界人士讲课，本书即整理自当时的讲课记录。其中九讲曾收入《道家、密宗与东方神秘学》，而完整的讲课记录（十四讲）集结成《中医医理与道家易经》一书，于二〇一八年由南怀瑾文化出版繁体字版，简体字版更名为《易经与中医》。

众所周知，中医与道家、《易经》息息相关，但为何相关，如何相关，一般人并无深究。这本小书，南先生仿若置身中国文化的河流，由中医文化“溯洄从之”，探到了《易经》

文化的方方面面，又回转头“溯游从之”，厘清了《易经》、道家与中医之间千丝万缕的复杂联系，探讨了诸多相关联的问题，如《易经》的体用、气候与医疗、卦象与历法、道家的生命学说、各家的阴阳之说、五行医理、心理与疾病，等等；涉及了丰富的传统文化知识，如八卦、阴阳、历法、律吕、五行、干支、五星、“洛书”、“河图”等。当然，对于《易经》与中医之间某些牵强的理论联系，更有深刻的反思和犀利的批评，发人深思：如，中医本身具有高深的理论基础，其理论并不是根据五行而发明的，尽可以丢掉阴阳五行的牢困；又如，中医的思想和理论是中国伞形文化的一枝，伞形文化的伞顶是《易经》文化，中国的一切，被困在这个伞形文化之中，医学所受的困顿尤深。

由《易经》与中医的关系梳理，铺展出诸多观念，那是古人对“天人之际”的叩问和追究——人作为“小天地”，在自然的“大天地”中如何自处；生命的单元和宇宙的法则如何统一……古人如此不息地求索，才成就了中国文化的博通与精深，实在可贵、可敬、可爱。所以说，先生所讲岂止《易经》与中医，分明是智慧的结晶、人性的光辉。

另收录《太极拳与静坐》，含南先生“太极拳与道功”之演讲和“静坐”问题解答之整理记述。前者，先生以平实的语言讲述了自己习武、访道的经历，生动有趣，并对太极拳的源流及拳法、练习要点等做了深刻剖析，并告诫学生，“做任何学问都一样，无论是打坐、修道、学佛、参禅、做内功，先不必好高骛远，奢谈高深理论，成仙成佛都暂不必谈，但修养到在世无病无痛，死时干净利落，一不累己，二不累人，这已是不易，且慢奢望成仙作佛”。后者，针对众多学生有关静坐的疑问，先生亲自示范“如何静坐”，从一般问题、生理、心理、修行等方面一一解答，言浅意深，精辟到位，为学生提供了正确的观念，具有一定的指导意义。

我社与南怀瑾先生结缘于太湖大学堂。出于对中华优秀传统文化的共同认识和传扬中华文明的强烈社会责任感、紧迫感，承蒙南怀瑾先生及其后人的信任和厚爱，独家授权，我社遵南师遗愿，陆续推出南怀瑾先生作品的简体字版，其中既包括世有公论的著述，更有令人期待的新说。对已在大陆出版过的简体字版作品，我们亦进行重新审阅和校订，以求还原作品原貌。作为一代国学宗师，南怀瑾先生“通古今之变，成一家之言”，毕生致力于民族振兴和改善社会人心。我社深感于南先生的大爱之心，谨遵学术文化“百花齐放，百家争鸣”之原则，牢记出版人的立场和使命，尽力将大师思想和著述如实呈现读者。其妙法得失，还望读者自己领会。

东方出版社

二〇二一年十二月

目　录

易经与中医

太极拳与静坐

太极拳与道功

如何静坐问答录

易经与中医

出版说明

这本书是南师怀瑾先生应台湾光华针灸医院朱院长之请，所作的讲课记录。第一讲开始，发表于一九七二年一月的《人文世界》月刊，连续每月发表一讲。

中国五千年的历史文化，源远流长，其中有关医药部分，历经千年的应用和发展，十分复杂。一般皆知，中医与道家、《易经》亦息息相关，但究竟如何，并不十分清楚。

为此之故，朱院长特请南师公开讲演，以解众惑，并使年轻中医学子，能有正确的认识与了解。

南师所讲内容，主要是与中医药方面的人士，探讨诸多值得思考与发展的问题。

例如所谓阴阳、五行、干支、八卦等，本是后人套加在中医学之上的（原始中医学本来没有），所以在观念和理论上，只是保持着一种说法。但是，如果在实际应用方面，用这些原理，反而成为一种束缚或局限。

孔子在《说卦传》中说："立天之道曰阴与阳，立地之道曰柔与刚，立人之道曰仁与义。"所以刚柔、仁义以及动静，都是阴阳之意，如只用阴阳，不免狭窄，不如丢掉阴阳这些包袱，用具体易了解的方式说明，则更能发挥中医药的特殊功能。

南师又积极地提出，如能“把握人人自有的活子时，及奇经八脉的道理，研究出一套新的针灸法则，可能是对人类真正重要及有意义的贡献”。

更进一步，如能再与唯识学中的“意识”研究配合，对判断病情和治疗则能更上一层楼地突破了。

在一共十四讲的内容中，南师除了学理探讨分析外，对于中医药的实际应用，以及养生修养方面，亦多有发挥和实例解说，内容极为丰富。

本书内文，并非根据录音整理，而是由编者听讲的笔记整理而成，所以文字语气、结构与讲记不太相同，但每篇皆经南师审阅后才发表的。

本书的内容，于一九八五年合并在《道家、密宗与东方神秘学》一书中印行，篇名为“道家易经与中医医理”，当时只集结了九讲。

此次重新整理单独出版，除检出其余五讲合为一册外，并另定书名为“中医医理与道家易经”。

在整理出版的过程中，谭廉志教授和晏浩学友帮忙很多，特此致谢了。

刘雨虹记

二〇一八年秋月

第一讲

易学与中医医理
道家与中医医理
汉易
卦是什么
画卦与爻
如何画卦
八卦所代表的现象

八卦『数』的问题
先天八卦方位　气候与医疗
道家观念中的人类
道家对宇宙万象的研究
山泽通气与气
卦之体用与道家的哲学

关于中国道家、“易学”与医理的研究，是中国文化之宝藏，我早已希望集合中医、西医及科学界等合并研究，一方面是将中国固有的、伟大的应用哲学加以阐扬，另一方面也是对人类的一种贡献。

此次应光华针灸医院朱院长之邀约，来讲这个题目，因为时间的关系，只能作十四讲。

本人既非西医，亦非中医，这十四讲只能说是个人对“易学”、道家及医理方面的报告，希望能以有限的资料掀起各界研究的兴趣，大家共同做有系统的研究与实验。

易学与中医医理

究竟《易经》的道理与中医医理有多大关系？这是一个很奇妙的问题，要说起来，医理与“易学”是没有太大的直接关系。

诸位一定会说，既无什么太大的关系，还研究什么呢？这就要说到道家了。

在秦汉以前，春秋战国时代，道家有所谓“方士”之流，他们讲求修道炼丹。这些丹道派思想的发展，是由《易经》的原理演绎出来的，也就是说，他们的思想是与《易经》配合的。

到了汉代以后，中医的哲学思想，也经过演变，外加道家的影响，而使得医理以《易经》的道理来诠释了。也就是说，透过间接的关系，中医医理的哲学思想，却建立在《易经》的基础上了。

中国文化的特色是偏重于抽象，偏向于玄妙，这正是智慧之学，但也在学习研究及了解方面，增加了许多的困难。

中国五千年的医学历史，许多学派发展下来愈来愈神奇，似乎是走入纯哲学的范围，但其实际应用的价值，却很令人怀疑。

所以，我们可以说，“易学”与医理之间，只是形而上的哲理的关系，至于形而下法则方面的运用，却是大有问题的。

道家与中医医理

如果要问什么与中医医理关系最密切的话，道家方术思想对医理影响的重大，是远超过“易学”的。

谈到这个问题，我们又不能不承认中国上古文化的特殊气质与雄伟气魄了。

上古中国文化的特点是：敢于假想，敢于追求。

道家认为所谓“人”这个生命，是可以经过修炼，使肉体的人身长生不死，而达到神仙的境界：“与天地同休，与日月同寿。”

试看，这种想法是多么的雄壮，有多么大的气魄与胸襟！不论人类是否真正可以达到与日月同寿的目的，仅仅是这种假想，已够得上伟大了，除了中国人，世界上又有哪一个种族敢作此想呢？

是的，西方文化宗教中提到了“永生”，但那仍是精神的、死后的事，与道家的假想是不可同日而语的。

道家的这种想法，正是像他们自己所说的：“宇宙在手，万化由心。”

事实上，道家并不只是想，并不只是敢于说说而已，他们真正致力于方法的寻求，真要征服人类的躯体，真要控制人类的生命。在他们努力的过程中，所得到的成就，与中医医理关系至为深切。

汉易

提起《易经》来，很多人称其为群经之首，称其为经中之经，称其为哲学中之哲学。

这话实在具有相当的道理，在所有的经典之中，似乎《易经》包括了一切，是智慧的结晶。

在中国五千年文化历史中，关于《易经》方面，可以分为两个阶段。

第一个阶段是“汉易”，第二个阶段是“宋易”。

简单地讲，“易学”包含了理、象、数三种学问。

理——以哲学的方式，解释宇宙间的万事万理。

象——以理论科学的方式，解释宇宙间事物的现象。

数——每一个现象都有数在其中，也是属于科学的。

“汉易”偏重象及数，是属于科学性的，也是与道家关联最深切的，所以也有称“汉易”为“道易”的。

而“宋易”所讲求的是理（邵康节则是走“汉易”道家路线），属于“儒易”，与道家关系较浅。所以与中医原始有关的，也就是“汉易”了。

卦是什么

提到《易经》，大家都会想到伏羲画八卦，究竟什么是卦呢？

卦者，挂也。是一种现象挂在我们的眼前，故而称其为卦。

《易经》所说的卦，是宇宙间的现象，是我们肉眼可以看见的现象。宇宙间共有八个基本的大现象，而宇宙间的万有、万事、万物，皆依这八个现象而变化，这就是八卦法则的起源。

能够观察到宇宙的现象，将之归纳成八大类，画成八卦，这岂非超人的智慧？所以“八卦”是智慧之学，我们看到京戏中孔明出场，身穿阴阳八卦袍，就是说明高度的智慧，是以八卦为代表的。

画卦与爻

卦既是宇宙间的现象，欲把这个形象记录下来就要画，所以卦是画出来的，不是写出来的。

卦是抽象的代表，也可以说是图案的符号，八卦也就是一种逻辑符号。

卦的组成为“爻”。

什么叫作“爻”呢？一直线为一爻，称为“阳爻”，一直线中间隔断也为一爻，称为“阴爻”。

卦就是由“阴爻”“阳爻”所组成的。

我们再看“爻”字，是由两个斜的“十”字所构成。

照地球物理的解说，地球磁场与经度及纬度呈斜交，这两个斜交也就代表宇宙间的一种形态，万物皆系交错而成。

而这两个交错，恰成为两个十字架，爻字也正是两个十字架的代表。

我们的祖先伏羲氏，是否真的这样画卦，可能还是疑问，但中国文字的起源，却是由象形开始，也就是说由画现象开始的，好像画卦一样。

如何画卦

写字多半是由上而下的，可是画卦却是由下而上的，也就是由内向外一爻一爻地画。这是画卦的一个基本常识。

虽然也可以从上而下、从外而内地画卦，但是最初画卦的方法，是由内而外、由下而上，这是有其重要道理在的。

我们生活在地球上，地球生命的功能，是由地球中心向外散发所产生的。

以一个人为单位来说，个人的行为能力，也是由内而外的。

这是《易经》的基本思想，也就是画卦由内而外、由下而上的原因。

下图是伏羲所画的先天八卦方位图，可是这个八卦图，在唐以前未见流传，是在唐宋以后才出现的。是否是伏羲氏所画，我们不作考据，在此不加讨论，现在让我们看看先天八卦所表现的意义。

先天伏羲八卦

乾卦——代表天体。

坤卦——代表大地。

离卦——卦象是圆中一点，代表着太阳。

坎卦——上下外围都是阴，中间一画阳爻象征光明，代表着月亮。

巽卦——下面破碎，代表着风。

震卦——下面阳，上面破碎，代表了震动，为雷。

艮卦——地上有突出的高山，代表了山。

兑卦——上面的缺口，表示了湖泽、海洋。

大家看了这些阴爻阳爻，也许难以了解为什么会代表了日月天地、山泽风雷。但是我们要知道，最初所画的这些卦，并不是像今天所画的这样直，这样整齐。原始的画法，阴爻可能只是两点而已，所谓阳爻，不过是一块整的而已。它的形状也不一定是整齐的，而且卦是立体的。

所以离卦的形状，只是一个圆圈，中间一个黑点，用来表示太阳。其他各卦，也是如此演变的。

八卦所代表的现象

看了先天八卦，我们清楚地了解到八卦已经将全部宇宙的现象画下来了。

这宇宙间的八种现象，就是天、地、日、月、风、雷、山、泽。

请问，除了这八种现象构成了宇宙自然界外，另外还会有什么东西呢？八卦的归纳真是太伟大了。

孔子在《易经》的《说卦传》上说：

“天地定位”，从任何方向望去，都是天。

“雷风相搏”，大气摩擦发为雷电，雷电的震荡成为气流。

“山泽通气”，这个道理与针灸的应用，是完全相同的，此点留在后面再说。

“水火不相射”，火多则水干，水多则火熄，极难达到均衡。

至于八卦所代表的人体部位如下，这是丹道派的观念：

乾——头部　　1

坤——腹部　　8

离——眼睛　　3

坎——耳朵　　6

震——丹田（生命能）　　4

巽——鼻子　　5

艮——背部　　7

兑——口部　　2

八卦“数”的问题

我们看到“先天伏羲八卦图”上的数字，真觉得有趣，1、2、3、4是向左旋转，5、6、7、8是向右旋转。

这是《易经》的基本原理，“天道左旋，地道右旋”。

我们再看这些数字，对面相加皆成为九，所以先天八卦中虽然没有九，但九实在存在于其中，称为九在其中矣！

西洋的微积分，据说是深受易理的启示而发明的。

但是《易经》“数”的观念，却认为天地间只有一个数，那就是“一”，这是《易经》的数理观念，这个所谓数理，也并不一定是今天数学上的意义，大家不可混为一谈。

这个“一”，如果加一则等于2，再加一则等于3，最高为9，再加一则又回到了一。

这个思想方法是归纳的逻辑，与西方分析的逻辑，是完全不同的。

在这些数字中，1、3、5、7、9，至9为最高数，9代表至阳，阳能至9之数为顶点。2、4、6、8、10为阴数，6在中间，代表至阴。

先天八卦方位　气候与医疗

兑为泽，它在八卦上的方位为东南，可以说东南多水，以现在来说，台湾正处于先天八卦兑卦的位置上，正好在海洋的地方。

巽卦为西南，巽为风，那么西南是多风的区域。云南下关的风最大，卡车经过的时候，可以关了油门，任风吹驰而行，其风大可想而知。有人说：此之所谓巽为风也。

各地因气候不同，地理环境有异，造成医疗方面的偏差。比如说，北方多温病，因此伤寒论只能适用于南方了；台湾是海洋亚热带的气候，用药的方法与大陆上完全不同。所以，如果将一样的药，一样的方法，应用到世界各地，忽略了气候的因素，那是绝对不正确的。

谈到这里，我想起了廿年前的一桩事，一个朋友害了一身黄肿的病，由另一个中医朋友治疗，在他所开的药方中，使用了麻黄六钱。当时我大吃一惊，因为在大陆上用麻黄非常慎重，绝对不敢用这样多的。这个病友吃了一两剂药未见效，这位中医朋友又增加麻黄为一两，那时我实在忍不住要问他了，他解释说，台湾药品质欠佳，成分有问题，再加上气候的因素，一两等于大陆上的两钱而已，岂知照他的处方服用后不久，病就好了，由此证明，中医最重视的是气候。

道家观念中的人类

我们前面说过，八卦代表宇宙间的八大现象，大家一定会怀疑，我们这万物之灵的人类，怎么没有包括在内啊！

关于这一点，道家的观念最为有趣，他们认为地球是一个有生命的东西，而我们人类，只不过是地球上的寄生虫而已。

说寄生虫还好听一点，实际上，道家称人类为“倮虫”，也就是裸体之虫，生下来赤裸裸的裸虫而已。

我们能说道家的比喻胡闹吗？试看看地球上的人口问题吧！人口在不断地增加，依照道家的推论，人口仍要增加，就像苹果里面生了虫一样，一旦生了虫，必定愈生愈多，直到完全把苹果蚀坏吃光为止，那时虫也完了。

地球上自从不幸生长了倮虫——人类，他们就不断发展所谓科学。挖矿、海底钻油，物质文明越来越发达，破坏性越来越高，直到我们这些倮虫把地球毁灭为止。

道家对宇宙万象的研究

太空人登陆月球的时候，美国朋友曾说到月球的主权应属美国，但是我却说了一个笑话，认为月球的主权应属中国，因为中国的“嫦娥”，早已在数千年前奔向月亮了。这虽然是笑话，却真是有点真实的意义，因为我们的道家，早已开始了对月球和太阳的研究。《道藏》里早已有过一本《日月奔璘经》，设想登陆月球和太阳的道书。

在道家的文献《道藏》中，除了有对月球的研究外，还有一幅极为复杂的图，称为“五岳真形图”，是以中国为中心，画出五岳的地下，认为皆有地下道相通。道家的传说，由甘肃省的黄帝陵之下开始有一地洞，沿洞中地道前行，三个月后走出来就是南京。

《道藏》中又把中国大陆像内脏一样地分类，地肺在陕西省。

又在前人的笔记中，记载着天山以北的地方，有一个洞，每到清明的时候，这个洞就冒出大气，说是地球的呼吸。在出气的时候，沙漠上的人都闻其声，人畜早就逃得远远的，以免被气吹得渺散无方，等到廿四小时以后，又可以听到呼吸的声音。纪晓岚的笔记，曾经提过到过这个地方。

在沙漠中，湖泊可以受地气的影响，自己搬家，它们像大冰块一样，移动到另外一个地方就停住了。有些内蒙古朋友，还说曾经亲历过这种情景。

这些现象是什么呢？它们就是《易经》上的山泽通气。

山泽通气与气

道家把天地视为大宇宙，把地球上的人体视为一个小宇宙。

道家在修丹道的时候，首先是注重人体的气。

地球在道家的心目中既是有生命的，当然也是有“气”的，这就是《易经》上“山泽通气”的原理，被道家所加以应用的原因。

气是什么？在道家学说上的“气”是一个很神妙的问题，在中医学上的“气”，也是一个神秘的问题。

八卦上的艮为山，如果把艮错过来，则是兑卦，就是海洋，这就说明了山下是海，海下是山。

山的最下面与海的最下面是相连接的。

但是，山泽为什么通气呢？

道家的兵学，本是秘而不传的，现在说到了“山泽通气”，先让我们看一遍古代道家兵学上出征塞外的情形吧。

在千百年以前的中国社会里，带领万千大军出塞，既没有现在的通讯设备及补给，单是水源问题，就是不得了的大事。

可是道家却有办法，在行军时，携带许多的蓬艾，到了西北高原或沙漠地带，先挖一个一丈见方的坑井，把蓬艾放在坑中烧，这时注意遥远的四周，不久就会看见别的地方冒出烟来，从冒气的地方打井，必可得水。

这也就是“山泽通气”的应用和证明。

但是为什么用艾草呢？

据道家和中国药物学的研究，艾草是通气的，这点要留待植物专家和科学家去做进一步的研究了。

不过针灸所用的艾草，也正是这种艾草。

卦之体用与道家的哲学

我们已经概略地谈了先天卦和中国医学的关系，下次可以介绍文王的后天卦，在唐宋以后，《易》的体用已有明白的分野。

先天卦所代表的是本体，是宇宙的法则。

后天卦所代表的是应用，是根据宇宙的法则，应用于万事万物。

在“易学”的基本观念中，有一种阴阳消长的道理，就是阴极则阳生，阳极则阴生。

如果根据这一点来说，中国的文化，基本上都是以易学作基础，例如以易理来讲历史哲学，便有“话说天下大事，合久必分，分久必合”，这是由阴阳消长的道理发挥而来的论调。

阴极则阳生，阳极则阴生，也正是道家的基本哲学思想。

第二讲

上次我们已经讲过了伏羲的先天八卦图，现在要介绍文王的后天八卦图。

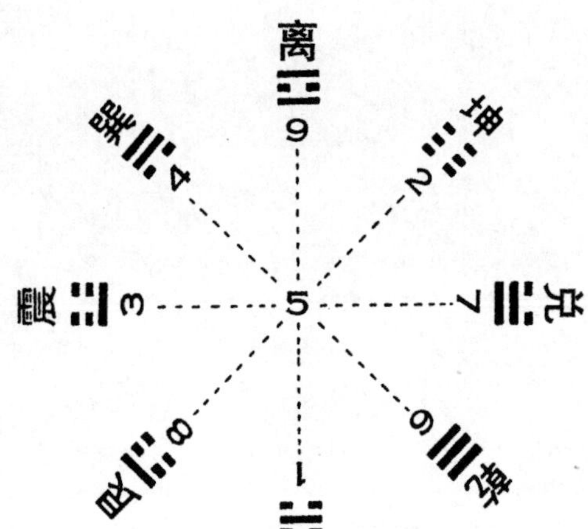

文王后天卦

因为时间的关系，我们只能将《易经》方面，做最简略的介绍，请大家注意并牢记后天卦的“数”，因为它与针灸关系极为密切。

我们看了后天卦，发现它的“象”与“数”都与先天卦不同。

一个数与对面的数相加都成为十，也就是说，与对面合成为十。由这里我们想到，佛教的合十，与西方宗教的十字，基本上都有合十的神妙意义，如果引用到医理方面，似乎是表示保持均衡的重要，能保持均衡才是健康。

中国的教学法，往往把枯涩难记的学理，编成押韵的诗，以便于背诵，后天卦的念法是：

一数坎兮二数坤　　三震四巽数中分
五寄中宫六乾是　　七兑八艮九离门

《易》之体用

《易经》似乎是太难懂了，看了许多“易学”的书，我们都是愈弄愈糊涂。

现在我们只要先注意先天、后天两个八卦，就能提纲挈领地了解了。

先天八卦所讲的，是宇宙未形成物质世界时之物理法则。

后天八卦所讲的，是物质世界形成后太阳系的物理法则。

先天所讲的是体。

后天所讲的是用。

《易》的体用，是在汉、魏、南北朝以后才发展出来的，道家的哲学，阴极则阳生，阳极则阴生，也是互为体用的道理。

了解了体用之分，我们自然会明了，许多堪舆、命理方面的各种不同八卦，只不过是将先天卦之“象”，搬到后天卦的

"数"上，另成一个八卦；或者是将先天卦的"数"，搬到后天卦的"象"上，也另成一个八卦。这样搬来搬去地应用，他们有他们的理，但是因为原理未见阐明，这门《易经》的学识，就变得更为神秘难懂了。

三家村与来知德

孔子说"玩索而有得"，是指研究《易经》的方法。

在研究《易经》时，必须反复玩索卦象，才有心得，有人终生研究《易经》，也不一定达到最高境界，这是一门极有趣味的包罗万象的学问。劝大家夜晚不要研究，因为一不小心，就会发觉东方之既白了。

为什么"易学"书籍那么多，又那么难懂呢？原来与三家村的学者有关。

这些三家村的学者，毕生在古老的环境中研究"易学"，实在值得钦佩，但可惜的是孤陋寡闻，前人老早已有的心得没有看到，他们仍在独自埋头研究。

明代有名的"易学"大家来知德，曾隐居廿年，专门研究"易学"。不错，"来易"是很有名的，他确有极具价值的见地与发挥，但是，也因未遍阅先贤论《易》之书，他浪费了不少光阴，这些都是可佩而又可叹的，也足为我们研究学问的借镜。

后天卦之用

> 帝出乎震，齐乎巽，相见乎离，致役乎坤，说言乎兑，战乎乾，劳乎坎，成言乎艮。

这是在《说卦传》中，“汉易”据此以象数次序而解释物理世界的法则，据说是孔子所写。这个次序法则，当然是后天卦所表现的，也应该说，后天卦是根据这个法则而画的。

孔子的这几句话，简单的解释是：

太阳在东方升起，震为东，为春，一年之始，一日之始（帝出乎震）。

不久就表现了它影响万物的能力，万物滋长，巽为东南，春夏之间，上午（齐乎巽）。

至正中则光辉而治。离为南，日正当中，为夏，万物都在充分发育（相见乎离）。

日偏西时，或夏末秋初，自然界蓬勃之象已收，坤为地（致役乎坤）。

日落时，在一年之中是仲秋气象，这时兑卦已是一阴来到，一切开始进入阴的境界（说言乎兑）。

入夜，也是深秋之时，阳能的乾卦进入阴境，阴阳就有交战的现象（战乎乾）。

子夜，孟冬之时，万物所归，在极阴的境界中，一阳在其中矣，这是新的转机，坎中满（劳乎坎）。

夜去冬尽，宇宙间一切开始暗中萌动了，新的阳能又起来了（成言乎艮）。

如果我们把万有世界的物与事，用这个法则来解释，是没有一桩事不符合这个法则的。所以说，按照《易》卦来推论天下大小之事是科学合理的。

《易》的三要点

《易经》有三个基本的要点：

一、变易：《易》所说明的宇宙事物，是必变的，也就是说，天地间万事万物，没有不变的。但这个变，是渐变而不是突变。《易》是否定突变的，因为一切突变的事情，实际上，内部的变化已由来久矣。

二、不易：在一切的必变之中，有一种绝对不变的本体，这就是形而上的道理，在西方的宗教呼之为上帝，佛教称之为佛，老子无以名之称它为道，也有人叫它为“一团漆黑”。不论其名如何，所代表的是不变的本体。

三、简易：《易》是归纳法，将宇宙间的现象与人事，归而纳之为极简单的必然之理，称为简易。

六十四卦及六爻

在先天伏羲八卦中，三爻为一卦，但是后来的演变，却将两个卦加在一起，六爻成为一卦。

在六爻之中，下面的三爻卦为内卦，又称下卦；在上面的三爻为外卦，又称为上卦。

六，是个奇怪的数字，“易学”认为第六位最高，据说在自然科学位数方面，也认为六是顶点。

在八卦图上看到的三爻卦，是在八个方位，现在配合成两个三爻一卦，成为六爻卦，结果每卦（三爻）就有八个（六爻）卦了。

如此一来，八个卦的总数就是六十四卦了。

现在让我们先看看乾卦及其变化：

䷀乾为天。

䷫天风姤，根据《易》的必变道理，从内部最下变起，好像宇宙间起了大风，即变为姤。

䷠天山遁，二阴生起，浑然一体的阳气开始退藏，即变为遁。

䷋天地否，天地形成后，则天下多事矣，是为否，等于有天地则有人，从此则无宁日，也可以称为《易》的幽默，下一变为：

䷓风地观，由内而外视之，颇为可观了，也可以称是持盈保泰的道理，再一变为：

䷖山地剥，如不保泰，则为剥，好像是人的身体，如不保重则剥损。

䷢火地晋，这是第七变，是外卦初爻的反变，称为游魂卦，等于说，人虽未死，却游魂于废墟之间，到墓场中去观光了。

䷍火天大有，这是第八变，内卦整个还原，称为还原卦，也称为归魂卦。但是，这个归魂，虽象征着生命的延续，却并非自己生命的还原，而是子孙的延续。所以世界上没有任何事是可以绝对还原的，所谓还原，不过是变化的一种，而与以往的形式相似罢了。

以上所说的，是乾卦本身及其变化，一共是八个卦，另外的坎卦、艮卦、震卦、巽卦、离卦、坤卦、兑卦，也都各自变化，其法则相同，共为六十四卦，在此不逐一多作解释了，大家可以对照任何一本《易经》书籍参考研究。

错综复杂的变化

难道说，六十四卦就说清楚世间的一切变化了吗？

不！事情还错综复杂得很哩！

我们仍拿乾卦来说吧，它的第一变成为姤卦。

䷫天风姤。

综：如果把姤卦的图，作180度的倒转，则成为：

䷪泽天夬，这是姤卦的反对卦，又称为综卦。

错：如果把姤卦的五阳一阴，变为五阴一阳，则成为：

䷗地雷复，这是姤卦的正对卦。

一个人到了病的时候，就是剥卦，而剥卦的反对卦就是复卦，复卦岂不就是病体恢复健康了吗！

在六十四卦之中，却有八个卦是没有综卦的，这八个卦就是：乾、坤、坎、离、大过、小过、颐、中孚。

这八卦之中的乾、坤、坎、离，是天地日月的宇宙现象，在任何角度来看，天绝对是天，地绝对是地，太阳与月亮也仍是日月。

后四卦，大过、小过、颐、中孚，是属于人事的，但却有其不变的性质，所以也没有综卦。

我们看到的错卦与综卦，是属于外在的变化，现在我们再来看一看事情内在的复杂变化吧！

上交下为交，下交上为互，从字体的形象上也可以看出来这个意思。

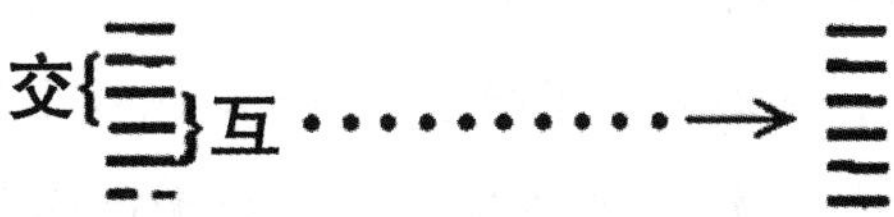

以姤卦来说，上下外爻不变，只要内部的四爻则成交互。

姤卦的复杂交互，即为乾卦，这样错综复杂，真与世界上的事与人一模一样了。

辩证法与微积分

把八卦的形成及演变分析之后，再研究了其错综复杂之卦，才清清楚楚地体会到，以《易经》八卦的立场观察人事是八面玲珑的，是周密合理而客观的。如仅从一个观点来看事情，错误也就绝对不可避免了。孔子忠恕之道的基本精神，也是说因观点不同，凡事也应在他人立场想想。

最有意思的事是，有人发现了《易经》这种对事物的道理，哑然失笑说：这就像是西方的辩证法呀！

听到了这种意见，我不禁想起了一个故事：有一个人认识一个小孩子，一天这人忽然遇见了这个小孩子的祖父，于是就哑然失笑说，你看这个老祖父长得多么像这个小孩子呀！

这真是有趣之极，《易经》已有五千年的历史，辩证法也不过是十八世纪的产物，不知道是我们文化的毛病呢，抑或是我们中国人有些是颠倒着走路呢？

不来慨叹我们这些伏羲、黄帝的子孙也罢！再看看西方那个微积分的发明人吧！

他研究了《易经》，从《易经》“数”的法则中得到很多的启示。《易经》六十四卦有一个方图及一个圆图，但是他把方圆图弄错了，虽然发明了微积分，但自己却十分遗憾，遗憾自己不是中国人，没有把“易学”弄得太彻底。否则，成就可能更多了。

其实我倒替他庆幸，庆幸此君不是中国人，因为他如果是中国人的话，弄通了《易经》，也绝不会发明微积分，顶多做个卜卦的术士而已。

因为学《易经》的人，都是只重“理”的部分，而不重视“数”，真是可叹！

方圆图与气候

先看八卦的方图，从右下方的乾卦，一条斜线到左上角的坤卦，一共是八个卦，就是八卦中的乾、兑、离、震、巽、坎、艮、坤。

而它们的数位就是一、二、三、四、五、六、七、八。

由此方图，可以看到六十四卦中每一卦的“数”。方图所代表的是空间，圆图代表的是时间。

那么圆图是如何排列的呢？

由坤卦为起点，从方图的最上一排开始，将第二排最左边的谦卦，接排到第一排最右边的否卦，如此一排排地接下去，到姤卦为止，形成了半个圆图。

另半边则从方图最下一排的乾卦开始，将倒数第二排最右边的履卦，接排到最下一排最左边的泰卦，如此一排排地接下去，到复卦为止，而形成另外半个圆图。

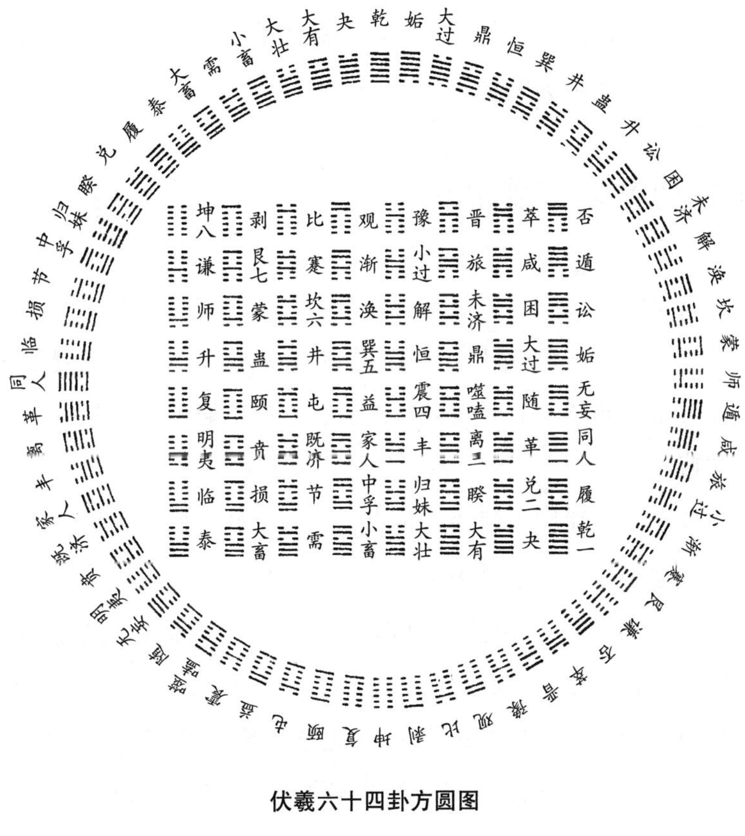

伏羲六十四卦方圆图

在圆圈的中心，从乾卦到坤卦画一条线，好像是天体银河的位置，而这一圆圈既是代表着时间，所以一年之中的二十四节气，及十二个月，皆由是而产生。

在圆图中，除掉乾坤坎离代表了天地日月，不为节气之用外，下余六十卦。

每卦代表六天，共三百六十天，是一年。

五天又为一候，三候为一气，六候为一节。

所以一年有十二个月，廿四节气，七十二候。

这是根据太阳系必然的法则，以卦象说明气候的变化，预知气象由斯产生焉！气象变化深深地影响着人类的一切，医理与气象的关系最为密切。

中医的基本书及其他

大家注意一下，可以发现，今天在地震之后，我们的精神特别好，这是气象变迁所造成的影响，也说明了气象变迁与医理的关系。当然，有时在地震之后，气象的影响，反使我们的精神特别坏。

现在，让我们先谈谈三本书，以便了解中医的发展史，实际上，这三本书，正是中国的医学发展史。

一、《内经》：包括《灵枢》《素问》两部分，是原始的医理学，其中以针灸最为重要。可是《内经》并不仅是一部医学理论的书，它更是一部修养之学；要说起来，应与“四书”并重，列入必读之书，结果被局限入医学的范围，实在有欠正确。

二、《难经》：这是一部讲理气的书，所论的是偏重气脉方面的学问，好似堪舆方面的理气一样，除了看峦头、讲形势以外，还要注重理气。

三、《伤寒论》：这是一部实用医学的书，照我的意思来说，应该算是南方医学的书，因为只有南方才多寒病。所以无论是医理也好，实用医学也好，处处要兼顾人与宇宙的关系，以及气象对人的关系。这部《伤寒论》，如应用于西北边区，有些医法就会有问题。

那么医治北方人的病，应该怎么办呢？

北方多温病，应该注重《温病条辨》才比较合宜。

到了唐朝孙思邈的医学，是纯粹属于道家派的医学，其所著之《千金方》及《千金翼方》二书，亦应列入国人必读，其中涉及了庭园的设计、药草的种植，都与健康、医学有关，它将医学融化在日常生活之中，真是一部妙作。

可爱的巫医

中医是由祝由科起源，其中包括有符咒的应用。

听到符咒两个字，一般人难免都想到了神神鬼鬼，以及迷信的巫医。

事实上，符咒的应用，确是巫医所做的事，巫医不但不可怕，他们还是精神治疗的老祖宗呢！

在上古氏族社会的时代，所有的医生都姓巫，这是一个氏族的姓，巫氏门下出良医，巫医是一个尊称。

巫氏名医，用符咒的方法治疗病人，是一种道地的精神治疗，画符念咒是利用病人对医生的信心，以及病人自身的信心，以达到治病的目的而已。

巫医不是很了不起，很可爱吗？他们哪里是西方漫画中的可怖巫婆呢？

中国的医学，在祝由科以后，讲求的是：一砭，二针，三灸，四汤药，等到要吃药时，已是第四步的医法了。

道家的生命学说

前面说到道家的医学，究竟道家医理是怎样演变出来的呢？让我们先看道家的生命变化图吧！

乾卦是阳能，是生命的开始，乾卦的内卦是怀胎时期，外卦代表了出生后至十六岁（女十四岁）。从这个表上，我们可以看到，男子十六岁、女子十四岁以后，就进入后天的生命。

修道升华（突破现象界的限制，夺天地之造化）							
卦象名	乾	泽天夬	雷天大壮	地天泰	地泽临	地雷复	坤
	䷀	䷪	䷡	䷊	䷒	䷗	䷁
方　法	1. 由生理着手，借吐纳、药物等方法，炼精化气，炼气化神…… 2. 由心理着手，致虚极守静笃，或等而下之如守窍……						
年　龄	女	49←43	42←36	35←29	28←22	21←15	14
	男	56←49	48←41	40←33	32←25	24←17	16
卦象名	坤	山地剥	风地观	天地否	天山遁	天风姤	乾
	䷁	䷖	䷓	䷋	䷠	䷫	䷀
普通变化（受物理现象的限制，生命逐渐消耗）							

生命的两种变化（长生或不亡以待尽），☰代表生命中生生不息的功能，☷表示生命已受的损害。

《内经》上说，女子二七天癸至，即十四岁开始了后天的生命。

此后，在男十七岁、女十五岁即进入姤卦，每八年（女七年）阳爻变阴，变为另一卦，为遁，为否，为观，为剥。

剥卦尽头，男子五十六岁，女子四十九岁，那时的男女，虽然活着，但已是游魂的状态，按现在西方的生理学，是更年期；按道家的学说，生命已是最后的一阳将尽的边缘了。

如趁一阳未尽的时候，也可以说趁炉中的火有星点余存，赶快设法修炼，还可以有转机，请看道家的另外一图，修道的升华吧！

道家的修法，就是依照宇宙间自然法则的道理，配合了药物。

在《内经》和《高上玉皇心印经》中，提到的有上药三品，是精气神。就是用自己的力量，改变自己的身体，一阳来复，生气就有了。

继续努力，变为二阳四阴，再进步为三阳三阴，最后达到乾卦，恢复为纯阳之体，成为原始的青春状态。

如果已经到了坤卦的年龄，不是一切都完了吗？绝对不是，不过，我们确实要加倍地努力，才能恢复“一阳来复”的局面。

可笑的采阴补阳

道家修身的学说，有一句是：取坎填离。

坎中满、离中虚，坎卦中间为阳爻，离卦中间为阴爻。

如果把离卦中间的阴爻，易之以坎卦中间的阳爻，离卦就变为三爻皆阳而为乾。修道的目的是返本归原为乾卦，所以就形成了取坎填离的说法。

岂知有些一知半解的人，以坎为阴，离为阳，就把取坎填离，解释为采阴补阳了。

我们从《易经》的卦象，再看到道家以《易》为基础的生命之说，就不难明了取坎填离的道理，那只是一种学说的定理，并非修炼的方法。

采阴补阳之说，其谬可知矣。

伟大的邵康节

说到《易》，说到道，我们一定要说宋代的有名大师邵康节。

邵康节上通天文，下通地理，精研《易经》道家之学。许多人都看过推背图，其中有邵氏的梅花诗，就是以《易》的原理推论世界大事。

邵氏由道家医理，说到生命的本能，曾有诗如下：

耳聪目明男子身（生命的奇妙）

洪钧赋予不为贫（生命的宝贵）

因探月窟方知物（物质世界由动能而来）

未蹑天根岂识人（宇宙生命来源不能把握，岂能了解人）

乾遇巽时观月窟（天风姤，可知生命法则）

地逢雷处见天根（复卦，见到生命之本来）

天根月窟闲来往（把握生命与宇宙的关联）

三十六宫都是春（可得真正的不死永生）

第三讲

魏伯阳和《参同契》

自汉代以来，修神仙、炼丹道开始广为流行。那时，上古的阴阳家、道家及杂家的各种知识学说与方法，才真正地融汇在一起。

就连天文、地理，也都达到一种新的境界，呈现了新的面目。

东汉的魏伯阳，是历史上著名的道家，他所著的一本书，名叫《参同契》，在中国文化上占有极重要的地位。

这本《参同契》，糅合了《易经》、老庄及神仙炼丹法于一炉，称为千古丹经之鼻祖，是中国科学原始的基本要典。中国养生生命学的道理，也都包括在内，唯其中隐语甚多，外行人读之颇为费解。《参同契》中引用《易经·系辞传》所说：

> 法象莫大乎天地，……悬象著明莫大乎日月。

前一句的意思是说，自然界里的法则，以天地为最大。下一句则是以日月为喻，说明人体气血的循环，就像日月在宇宙间运行一般。

两汉的医学及炼丹，皆以《易经》的阴阳与五行八卦的原理为依归。也就是说，五行的说法在那时已经开始了。有人也认为五行之说并非上古开始，只不过是汉代的伪造而已，但是以所使用度量衡的标准来看，可能两汉以前早已存在。

《易》是研究两性之学吗

> 乾坤其易之门邪？乾，阳物也。坤，阴物也。阴阳合德而刚柔有体。

这是从《易经·系辞传》中节录的一句。

所谓“乾坤其易之门邪”，对医理来讲，是指后代的时候，以《易》为基础，对人类生命加以计算，并研究针灸与十二经脉的关系。

由此而引出了十二辟卦，我们在下一段详细说明十二辟卦，现在顺便说一个笑话。

有人著书立说，认为《易经》只不过是研究两性问题的学说而已，他们的理由也是根据《系辞》中的这一段：“乾，阳物也。坤，阴物也。”这不是分明说男女两性的生殖器官吗？再看《易经》之中，到处都是阴阳，甚至阴爻阳爻也都成了性的象征。所以说，这些人的结论就来了，《易》是研究性学的。

可是我们要明白，“物”，在当时只作“东西”解释。因为《易经》的用语，被后人借用，后人的后人，难免又将祖父比孙子了，这也是中国文化上的麻烦事。

十二辟卦

十二辟卦是什么？

辟是特别开辟的意思，而十二卦代表了生命乃至宇宙的消长。根据乾坤二卦所辟的卦，就叫作十二辟卦（其中有关节气之划分，是以中国中原为标准）。

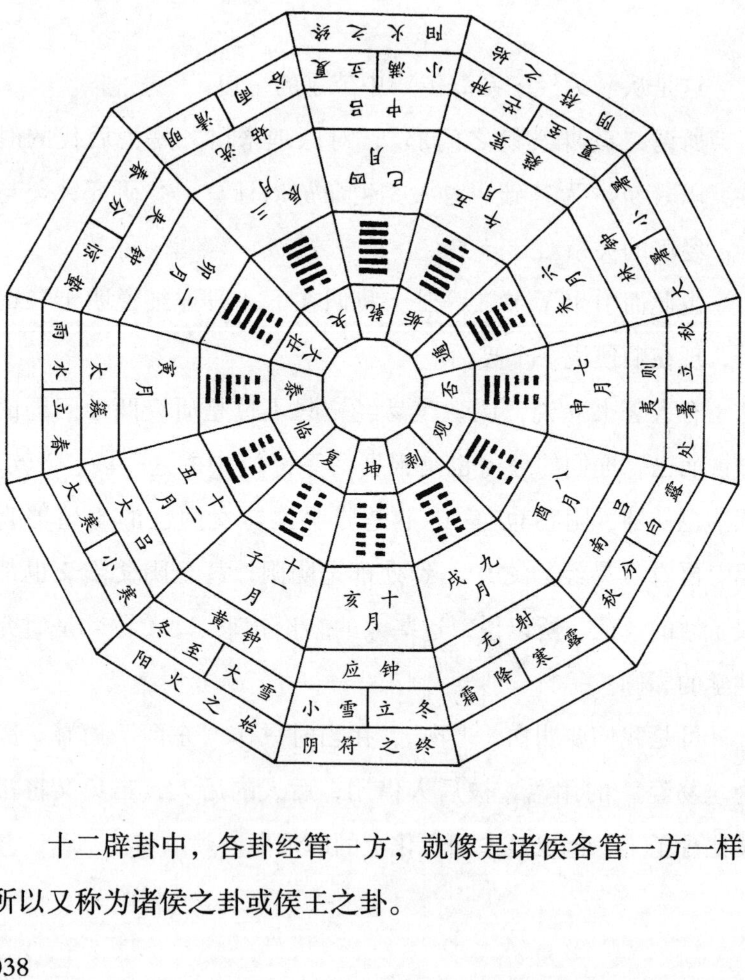

十二辟卦中，各卦经管一方，就像是诸侯各管一方一样，所以又称为诸侯之卦或侯王之卦。

在这十二辟卦的图中，由内向外分别是：

一、卦名

二、卦象

三、十二地支所属之月令

四、律吕

五、廿四节气

在这几项之中，我们先要谈一谈律吕。

音乐 历法 律吕

律吕是中国音乐的一个名词，看到音乐与历法及气象有了关系，难免使许多人大吃一惊。

实际上律吕是表示宇宙气机的变化，同时说明了音律及历法的关系。

中国的历法，本是一科专门的学问，也是一部气象学。历法是从黄帝开始的，那时用的是阴历，但以太阳的行度为基准。

到了夏朝，就以寅月为正月（现在农历的正月）。

商汤时代，以丑月为正月，为一岁之首（现在农历的十二月）。

周朝则以子月（现在农历的十一月）为正月。

孔子删《诗》《书》，订《礼》《乐》，对于历法则仍采用夏历。

中国一向是以历法天文学享名世界的，但是现在却落后于西方国家；以台北之大，在校学生之多，仅有的一个圆山天文台，几乎要被改成儿童游乐园了。怪不得中国的童子军，在外国连北斗星都不认识，其他国家的童子军为此大感诧异，认为天文历法本是中国人的特长，想不到中国孩子连北斗星都不认识。可叹！这也是题外之话。

在十二辟卦中，我们所看到的十二律吕，各代表一调。这十二个音调，与人体的十二经脉甚有关系。

这些音声是如何开始的呢？原来在黄帝的时候，一位乐师伶伦用昆仑山解谷所产十二根竹管并排起来，一端整齐，一端则阶次长短不齐，在竹管中置入葭灰（即以芦苇烧成的灰）。

将这些竹管埋入空屋中的地下，不齐的一端在下，齐的一端在地面。

当气象变化至一阳生时，即“地雷复”卦，冬至时，第一根管子中有气冲出灰飞，吹起了黄钟的宫音。

这个黄钟之音，正说明了土地中的阳能，在一定的时间，向外放射。

人体的气脉，也像地球中的气机一样，随着气象的变化而动。

许多西方的朋友，认为中国的音乐难懂，不易引发感受。因为中国的古乐是不平均的自然律，而西方音乐是平均律，比较适宜合奏的关系。（此节可参考《人文世界》一卷八期及二卷一、二期《律吕浅谈》）

下面就要分别解释十二辟卦中的每一卦了。

诸葛亮借东风　十月

☷坤卦，亥月，节气立冬小雪。

这是全阴之卦，天地间之放射能，此时已全部吸收入地，但阴极则阳生，所以在十月立冬后，必会有小阳春，有一两天风转东南。当年诸葛亮借东风，就是通晓《易经》气象的道理，知道十月立冬之后，西北风一定不会天天吹，根据气象的推算，有一两日必会刮起一阵东南风，所以故作玄虚，筑坛祭风，反正一日借不到的话，二日三日下去，早晚可以等到东风。果然被他等到，大破曹操八十万军。

曹操大败之后，闭门读《易》，研究到《周易》蛊卦的“先甲三日，后甲三日”和立冬时，正值坤卦当令，其中有一阳来复的道理，哈哈大笑，悟出了东南风的道理。八十万大军的损失，才读懂了《易经》，代价真不能说不大呀！

冬令进补　十一月

䷗复卦，子月，节气大雪冬至。

到了十一月，一阳来复。在卦上已看到了一阳之象，现在是阳火之始，地球所吸收的太阳之能，又开始向外放射了，这个时候，我们都会觉得胃口不错，消化能力也好起来了。冬至开始，正是人人高喊冬令进补的时候，一点也不错，复卦早已告诉我们了。

春快来了　十二月

䷒临卦，丑月，节气小寒大寒。

现在的卦象，已有二阳了，虽是在十二月，可是春已暗中来临，地球内部的放射能已渐升高，变化遂将透出外部了。

三阳开泰　正月

䷊泰卦，寅月，节气立春雨水。

这是三阴三阳的卦，天地间至此时，地球已经是全部阳能充满了。这是春的开始，生命就要出土了。

大地惊雷　二月

䷡大壮，卯月，节气惊蛰春分。

春雷动了，这一声空中的巨响，惊醒了冬眠蛰伏的动物们，现在纷纷吐出了口中的滓土，恢复了活动，这就是惊蛰的意义。卦象已呈四阳之象，阳能到达地面上了，植物也都开始了生长。

清明时节　三月

䷪夬卦，辰月，节气清明谷雨。

阳能已上升到五爻，天地间只有一点阴气残余，现在的阳气正是最充足的时期，清明扫墓、郊游，天地间充满了新生，到处欣欣向荣。

燥烈的纯阳　四月

䷀乾卦，巳月，节气立夏小满。

现在的阳气已达饱和点，物极必反，阳极则阴生，四月份太干了，使人发闷，白天也最长。到此为止，均属阳能的活动，称为六阳的上半年。

喝一杯雄黄酒　五月

䷫姤卦，午月，节气芒种夏至。

在纯阳的卦中，最下面生出了一阴，湿气在内部发生了，现在是一年中阴的开始。南方的黄梅雨，常会下个不停，天地间阴的力量又在暗中滋长。端午节吃粽子时，不要忘记喝一杯雄黄酒，驱散一下体内的潮气。

夏日炎炎　六月

䷠遁卦，未月，节气小暑大暑。

二阴生，暗中已有凋零的意味，麦子已经收割了，象征一年中的生发季节已经过去。可是外表上，天气是炎热的，虽然内部衰相已经很深，但大地中仍有一爻阳能，利用它，另一季的农作物得以生长。

鬼节的祝祷　七月

☰☷否卦，申月，节气立秋处暑。

三阳三阴，秋天到了，天地的外部又要开始明显地转变，虽然热，但是秋高气爽。到了下半月，夏天已全部结束，秋收开始，天气即将转凉，那些可怜的孤魂野鬼，以及家中作古的祖先亲友们，现在也该做一个生活的安排了吧！七月十五日，让我们诚心地祝祷他们，祈求他们有温暖舒适的生活准备！

仲秋赏月　八月

䷓观卦，酉月，节气白露秋分。

秋的收割已经完成了，落叶纷纷，天地间呈现了一股肃杀之气，因为阴爻已到了外卦。秋收冬藏的工作都已准备好，夜晚也已有露水下降了。八月十五的月亮多么明亮，搬出来丰收的枣子、花生、玉米、毛豆、地瓜、梨子、核桃，让我们吹着洞箫赏月，阖家团圆作乐吧。

秋风扫落叶　九月

䷖剥卦，戌月，节气寒露霜降。

天地间只有一丝阳气存在了，生命至此，阳能已剥到尽头，马上就要完了。深秋的风，吹卷着，满地落叶纷飞，树枝上已变成光躲秃秃的，除了那些耐寒的松柏之外，如果冬衣还没有备妥，可能会忽然受冻了。

剥复之际

前面所谈的十二个月，是地球的生命法则，缩小来说，一天的生命也是如此。一日之中的十二个时辰，也以子丑寅卯辰巳午未申酉戌亥代表。

这个生命的法则，与人的生命法则是一致的，都处在剥复之际，以十二的一半，六为分野，六阴六阳。

到了第七，就是另一个开始。所以，在《易经》上称为七日来复，人体的变化也是这个法则。至于病情的变化如何，也要注意到时间的因素，中西医尽皆如此。

孔子的《春秋》

在一年之中，有时是夜长昼短，有时是夜短昼长，但是在春分与秋分时，日与夜是平均的，同是一样的长短，没有差别。

孔子著了一部《春秋》，为什么古人称历史为“春秋”，而不名之为冬夏呢？

原来孔子也是采用春分秋分之道，在历史的眼光中，必须以“持平”为准则，所以就取用了“春秋”作书名。

五行是什么

看见了“五行”这两个字，好像我们要开始算命了。不过，算命的确也是根据天地间的法则。

五行是天文的代号。一方面是抽象的原理，一方面也是实际的应用。

《易经》上说：“天行健。”行就是动的意思，《易》的基本原理是说，一切都在运行不息。

有人说西方文化是动的，东方文化是静的，不知是根据什么。我们姑不论西方文化的好歹，只证明中国《易经》的文化，是生生不已，一切都在不停地进行着。

究竟五行是与《易经》同时开始的，抑是在汉代开始的，说法不一。但是汉代时期，对于抽象理论科学的建立，极有成就，是一个不可抹灭的事实。

五行是金、木、水、火、土。它们代表了宇宙天体中五个星球。

金是太白星。

木是岁星。

水是辰星。

火是荧惑星。

土是镇星。

这五个星，加上太阳与月亮，称为七政。

太阳与月亮是经星，五行之星是纬星。

这些星球的放射能，影响了地球，地球当然也在放射，而影响其他星球。

五行的意义和作用

木代表生发的功能，在人体代表肝。

金代表破坏性及坚固的本体，在人体代表肺。

水代表了冷冻，在人体代表肾及大小肠。

火代表了挥发功能，在人体代表心。

土代表了中和之性，有中和金木水火的功能，在人体代表脾胃。

依照综卦的道理，一切事物都有一种相对性，凡是有好处的，一定也有缺点；有害的，也必有其利益的一面。五行的本身，也是如此，所以五行是相生相克的，它们相生的次序如下：

生　生　生　生　生
金→水→木→火→土→金

五行顺势相生，隔代相克如下：

克　克　克　克　克
金→水→木→火→土→金→水

在八卦的方位上来说：

金——西方

木——东方

水——北方

火——南方

土——中部

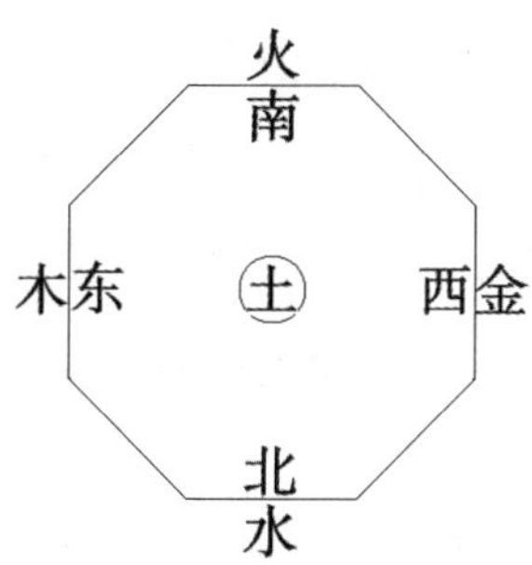

实际上，四川、西藏乃多金之区；东部生长茂盛；北方天寒，冻结较久；南方则气温较高。

头痛医脚

了解了五行的相生相克的道理，就会明白中医不是头痛医头的原因。

一个人感冒咳嗽了，肺部有了麻烦。肺是金，要想帮助金增加力量，必须先去扶助土，因为土能生金，土是脾胃，所以说一定要同时调理脾胃，并顾及肾水及大小肠。

事实上，金（肺）有毛病，一定会连累到土及水，所以肺有了咳嗽，胃气绝对不适，肾气也受肺金的影响，而引起耳鸣。

中医的理论根据了五行，在治疗的时候，要找到病源之所在，彻底地设法，所以不是头痛医头，而成为头痛时，反来医治其他的部位了。

天干地支

虽然五行是由金木水火土五个代表，为什么天干变成十个呢？因为五行不够说明天干的阴阳全部意义，所以，每个由两位来代表，这十天干是：甲、乙、丙、丁、戊、己、庚、辛、壬、癸。它们代表的意义如下：

五　行	原　素	原　质
木	甲	乙
火	丙	丁
土	戊	己
金	庚	辛
水	壬	癸

地支共有十二，就是前面说过的子、丑、寅、卯、辰、巳、午、未、申、酉、戌、亥。

十二地支代表了地球本身的放射能，与天干交互作用影响，而形成了天地间变动的法则。

十二地支代表了一年的十二个月，在十二辟卦中已说到了。

十二地支同时代表了一日的十二个时辰，每一时辰有两小时。

十二地支同时也代表着十二个不同的年代，在天地间不停地运转着。

十二地支与十天干配合，每六十年循环一个周期，称为六十花甲。六十岁的老人，也称为花甲老翁。

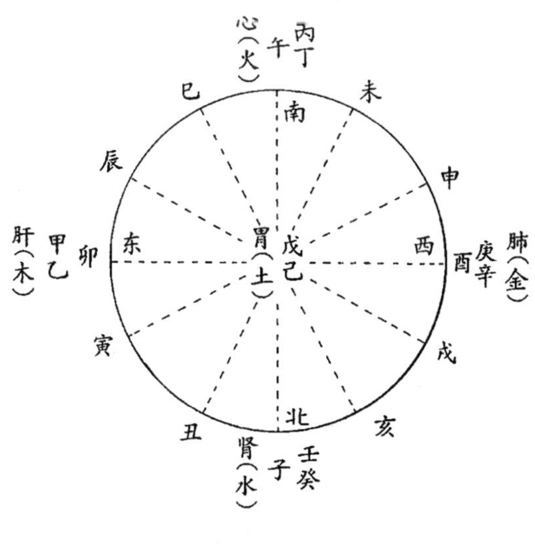

天干地支是一门伟大的学问，这门学问，对物质文明而言，是超然独立的，所以中国以往的年代，不论人事的兴衰、帝位的转移，一律采用干支为年的代表。

天干地支所代表的宇宙，道家称为“造化洪炉”。人类在这个洪炉中，不过是一点点渣子而已，所以人死了，称为“物化”或“羽化而登仙”。

在这个八卦图中，包括了天干、地支、方位、五行及人体内脏。由中间的对角线，看出了对面相冲，只有土在中间协调。

《易经》的道理是，立场相对、性质相反则相冲。

气脉与穴道

看到了五行，以及人体的内脏也以五行来代表，不禁想到了《内经》中的一句话：“肝生于左，肺藏于右。”

照生理解剖学看来，肝脏分明在人体中的右边，而肺又是两叶，藏在胸腔内的左右两边。

那么，《内经》不是在胡说八道吗？

绝对不是的！

“肝生于左”，《内经》并没有说肝生“在”左，这不是部位的解释，而是气脉流动的解释。

中医医理注重气脉的问题，肺的气脉就是从右边流动出来的，以后再详细说明。

五行、干支、气脉穴道，与医理及针灸都有直接的关系。最近看到电视上的介绍，荣民总医院的医生以针灸协助拔牙，已有百分之七十的成效。可惜会点穴的人太少，否则成效将更为显著。

许多人的病，事实上都是穴道受伤。身体偶然碰了一下，似乎揉一揉就好了，却不知道那里的穴道已经受伤，气脉渐渐不畅，三年五年，就发出了病象。

读书人的三理

中国的文化讲究做人做事的一切道理。

其中最要紧的一项是孝道。

所以读书人要通三理，即医理、命理和地理。

命理是混合在医理中的，都以五行为依归，在医治病人的时候，如果知道病人的八字五行，就可以明白病人体质的弱点，对于治疗的帮助是很重要的。

一个为人子者，父母的命不能不知，由命知道父母衰旺的进展和变化，父母患病要知道医治，父母百年之后，更要知道地理，选择适当的地方安葬。

所以，这些观念交织成的中国文化，认为读书人要通三理。

但是，实际的情况是，每一种学问，都包括在中国的一切学问书籍之中，它们像织布机上的经线与纬线，都织在一起。只要多读书，一定会涉及这些学问。

也可以说，这些学问的源头，都是一个，只要一通，不自觉地就三通了。

第四讲

继续研究下去，以中国医学的哲学部分为原则，也就是以理论的基础为研究的方针。

至此，应该先放弃《易经》的关系，而以五行、干支为研究的重点，因为阴阳与道家合流的阴阳五行，以及干支，正是医理的最基本思想，在医书之中，充满了五行干支，如果不弄通了干支阴阳，想读通医书是很困难的。

驺衍是否胡诌

在战国的时候，齐国有个鼎鼎大名的理论物理学家，名叫驺衍（历史上另有邹衍，并非一人）。

这个驺衍也是位阴阳家，在那个时候，他的弟子极为众多，到处都欢迎他去讲学。

他的见地不同凡响，对于所谓世界的定义，他首倡一种见地，把世界分为九大州，中国不过是九大州之一罢了，名为赤县神州，在那个时候，说出了这样的话，许多人都骂他胡诌、诞妄。

这是集成阴阳家学说的一位大师，而阴阳家的五行、天干、地支等学说，后来成为医理的基本原则。

我们的小天地

道家称宇宙是个大天地，人身是个小天地。

撇开生命的来源不谈，道家认为人的生命作用，与天地是一样的，先从既有的现象来说吧，《内经》上把一个人身归纳为廿六部分，都与天地的法则相配合。

比方说：人的头，圆圆的，在整个人身的顶上，就像天一样；而我们的脚在下，平平方方的，像地一样。

我们的双目，闪闪发光，不是天地间的日月吗？

七窍再加上下体的两窍，恰如天地之九州。

人有喜怒的时候，就像天地之雷电。

我们的四肢，就像一年的四时。

如此配合共为廿六，比之天地：

头	天
脚	地
左眼	太阳
右眼	月亮
九窍	九州
喜怒	雷电
四肢	四时
五脏	五音
六腑	六律
寒热	冬夏

十指	上古之十日（十日称旬）
十二肋	十二时辰
夫妇	阴阳
三百六十五骨节	三百六十五天
十二关节	十二月
膝肩	高山
腋腘	深谷
十二经脉	江河
卫气	泉气
毫毛	草芦
卧起	昼晦
齿牙	二十八星宿
小节	地上小山
高骨	山石
幕筋	林木
腘肉	聚邑

（人有时不生育，地有时不生草）

以上是《黄帝内经》的二十六人身形象，配合天地之形，这种说法是否有理？或者有牵强之嫌？还有一种说法，认为这是魏晋以后的思想。

十个太阳的故事

在前面人身与天地二十六形象之中，说到了上古时候的十日，十日就是十个太阳。

在上古的神话书中，也有一个故事，是说上古的十个太阳，后来被后羿射掉了九个，只剩下一个，使天地间的温度降低了些，植物才能够生长，适合人类的生活。

总之，不论如何说法，我们现在生活的世界，是处在太阳系中。

但是十个太阳的说法，却吻合着佛学的宇宙观与世界观。

在佛学的世界观学说中，以包含了一个太阳及一个月亮的星球系统为一个世界的单位，我们生活的地方是一个太阳系中的地球。

可是，在无限的宇宙中，却有许多许多类似我们这个太阳系的星球世界。以什么为多的代表呢？

一千个太阳系，称它为小千世界。

一千个小千世界，名为中千世界。

一千个中千世界，名为大千世界。

所以，在三千大千世界中，人比沙都小了，宇宙是如此的宽阔无垠，说太阳有十个，不过是微微形容一下罢了。

然而，上古的十日，正是对无垠宇宙的一种说明。

彩色有声有味电影

不论人身是否与天地配合得一模一样，人类的躯体，不可否认的，是有声有色，有气有味，就好像七彩玲珑的有声电影所表现的一样。

如果用五行的方法，配合性质来表明一下的话，就可以列出下面这张简单的表：

1	五行	木	火	土	金	水
2	天干	甲乙	丙丁	戊己	庚辛	壬癸
3	地支	寅卯	巳午	辰戌丑未	申酉	子亥
4	（后天）八卦	震巽	离	艮坤	乾兑	坎
5	（洛书）数字	8	7	5	9	6
6	方向	东	南	中央	西	北
7	季	春	夏	四季	秋	冬
8	五音	角	徵	宫	商	羽
9	色	青	赤	黄	白	黑
10	味	酸	苦	甘	辛	咸
11	五星	岁星	荧惑	镇星	太白	辰星
12	九星	三碧四绿	九紫	二黑五黄八白	六白七赤	一白
13	五气	风	热（君火）	湿	燥	寒（相火）
14	五官	眼	舌	身	鼻	耳
15	五脏	肝	心	脾	肺	肾
16	五腑	胆	小肠	胃	大肠	三焦膀胱

看了这个表，才知道我们每人的小天地，真是五花八门、多彩多姿、色香味俱佳的一具肉机器。

在这个巧妙的机器中，最玄妙的一样东西，就是其中的气。

气功是什么玩意儿

大家都听到过气功治病吧！真正的气功的基础是什么？

原来学道家的人，早已发现六个字的重要性，实际上是六个音对人体器官健康的影响。

这六个音就是所谓的六气：

嘘、呬、呵、吹、呼、嘻。

那些修神仙的道家人士，清晨的时候，面对东方，在生气升发的那段时刻，发出这六声，引通体内的气脉。

当发此六音，不是大声吹叫，而是轻轻地，声音的大小以自己可以听见为准，一直练习，每次做到腹中无气时为止。

用针灸治疗无效的病人，采用这种气功的治疗，发现颇为有效，因此演变出了气功治病或健身的方法。当然，方法并不如此简单，另当别论。

音乐可以治病吗

看见前面的表上五脏配合了五音，前两次我们也说到了律吕（音乐）与五行内脏的关系，证明音乐与人体是有绝对的关联的。

就拿西方的医术来说吧，也早已证明了音乐对人类的影响，对动物的影响，在鸡舍中放某种音乐，可使鸡多下蛋，牧场中的音声可影响到乳牛的产奶量。

说到我们人类，有些音乐使我们沉沉欲睡，有些会使青年人舞个不停。

所以西医早已采用声音的治疗，而最早的中国医书，时常提到的音色，也就是以音声的方法治疗病人。

至于道家，有时根本不用吃药的方法，而用音声使人身体好转。

颜色对病人如何

根据五行与颜色的表明，至少由病人的颜色，可以判断出他身体的病况，这一点是毫无疑问的。

再根据这个原则发展下去，颜色对人的影响就很大了，所以颜色与声音一样，都被用作医疗方面考虑的因素和方法，近代的西方医学，也同样注重颜色的治疗。

由目前的实际情状，我们也可以反过来证明，道家以音、色配合人身的器官，是绝对正确有理的。

青菜萝卜和本草

在前面五行的表上，有五味与内脏配合，提到五味，我们就要读一读《本草》（就是药用植物）了。

根据此种可信的传说，最初编的《神农本草经》之中，只包括了七十多味药品，经过历代的研究，实验增添，本草逐渐在增多，不仅是项目的扩大，而且是范围的扩大，青菜萝卜、童便、人粪，统统都已进了本草的纲目之中。

明代的一位名医李时珍，将各项药品分类，重新编订名为《本草纲目》，可说是一本最有价值的中医药物学。

谁认识“人”字

要说起医学，真是一门了不起的大学问，几乎要上通天文，下通地理，还要中通最要紧的一门学问——“人”。

先替“人”字看一看相。

左撇是阳，右撇是阴，一阴一阳构成了人。

再看看我们这些人，从人中以上，两鼻孔、两眼、两耳，岂不就是坤卦吗？

从人中以下，一张口，外加下体的另两孔，就是三个阳爻，构成了乾卦。

所以人是地天泰卦，就是平衡的意思。

就算这个说法是一个笑话吧！要认识“人”的确不易，而要做一个医生，最基本的条件是要认识“人”。

中医的医学有一个说法：“医者意也。”要头脑聪明，将呆板的原则，加以灵活的运用，才能对付灵活变动的“人”，所以，医是智慧之学。

中医的头一步，了解病情，诊断病人，要由四个字入手。

望 闻 问 切

这是谁都知道的，但这四个字到底包含些什么？

■望——看相术

清朝有一个才气纵横的名医，名叫陈修园，对于所谓“望”，有诗一首如下：

春夏秋冬长夏时　青黄赤白黑随宜
左肝右肺形呈颊　心额肾颐鼻主脾
察位须知生者吉　审时若遇克为悲

更于黯泽分新旧　隐隐微黄是愈期

这一首诗说明了由外表诊视病人的原理与方法，就是说人的气色可以与四季同样，与颜色配合，以断病情。面颊上左边气色灰暗表示肝有病，右边灰暗是肺有病，如果心有病的话，额头颜色必会反常，肾病表现在颐处，鼻子呈现了脾脏的毛病，如果各部位气色与时序相合则佳，如果逢到克制当然不吉，颜色的不佳则愈旧愈久则愈劣，如果面现微微的黄气，则证明胃气上升，是病愈之兆。

所以所谓“望”，是用看相的方法，察究病人的病情，其中还包含了看舌苔等等，及一切眼睛可以观察到的因素，来判断病情。

■闻——听病人的声音

根据五行生克，及五脏六腑的配合，用声音判断病人的情况。

肝病出怒声，容易发脾气，轻易动怒的病人，一定是肝有病；若常自喜笑，那么他的病一定是偏重于心脏方面。

脾病则多思虑，除了一般过度用脑，神经有问题外，得病时，比平时思虑还多。

肺病忧悲爱哭泣。

肾病多呻吟，转身弯腰起身坐下，浑身疼痛，常发哼唷之声，必是肾病体弱。

实际上，从声音分辨病情是颇为困难的，关于这方面以后还要做较详细的说明。

■问——病人自己的感受

给病人看了相，注意到了病人声音的变化，现在要问一问病人自身的情况，与自己的亲身感受了。

关于问的范围，陈修园也编好了要点：

一问寒热二问汗　三问头身四问便
五问饮食六问胸　七聋八渴俱当辨
九问旧病十问因　再兼脈要参机便
妇人尤必问经期　迟速闭崩皆可见
再添片言告儿科　天花麻疹虔占验

由于这几句要点，可知古代中医的治疗，对病人事先也要经过严密的审察，等于现在的全盘检查，对“人”有具体彻底的了解，才好下诊断，所以中医内科是全科的医生，包括了小儿科、妇科等。

■切——诊脈

诊脈是最深奥的一门学问，事实上，这是需要长久及多方面的实验，才能有所成就的，初学的人常从诊猪狗开始，试一试没有生命的脈，是怎么一回事，再来摸有生命的脈，什么猪呀狗呀，抓到了就要摸一摸它们的脈，其中的道理，陈修园有诗如下：

微茫指下最难知　条绪寻来悟治丝
三部分持成定法　八纲易见是良规
胃资水克人根本　土具冲和脈委蛇

脏气全凭生克验　天时且向逆从窥
阳为浮数形偏亢　阴则沉迟势更卑
外感阴来非吉兆　内虚阳陷实堪悲
诸凡偏胜皆成病　忽变非常即弗医
只此数言占必应　脉经补叙总支离

医案的奇谈

清代有个有名的医生，被人称为“天医星”的叶天士，后来许多传奇性的惊人医案，大多都挂在他身上。

有一次，叶天士（按：有说是王肯堂）在路上见抬棺而过，棺下似沾有血渍，当时叶天士挡住，询问棺内何人，得知是妇人因难产而死，叶天士立刻命其开棺，坚称棺内之人未死，他可以救治。

在当时，开棺是桩大事，经叶天士全部负责始开棺。叶天士即用针灸法，在“死者”心口扎针治疗，片刻婴儿呱呱坠地，产妇也有了活气。

原来叶天士判断，产妇是一时昏厥，并非真死。

又有一天，叶天士正与友人下棋时，忽然跑来一个人，因老婆难产，痛苦呻吟，请叶天医救命。

叶天医即在棋盘上抓了一把铜钱，到产妇家去，进了大门，当即把铜钱往墙上一掷，哗啦一声，屋内的产妇正在苦痛时，大吃一惊，婴儿也跟着呱呱落地了。

这真是“天医星”，许多人询问叶天士为什么，叶天士说：人人都爱钱，死也要钱，活也要钱，小孩不下世，一听到钱声，马上就来了。

这虽迹近笑话，但是叶天士可能是了解产妇的紧张，用声音转移注意力，难怪称他为“天医星”了。

三指禅

在《礼记》中有一句话：“医不三世，不服其药。”

许多人以为，这个医家要三代做医生，才能请他治病。

其实这个三世，不是三代的意思，三世是指：（一）《黄帝内经》，（二）《神农本草经》，（三）《太素》（脉理）。

精通这三项，是做医生的必备条件。所以，不通三世者，不能算是医生，不能服其药。

《太素》所讲求的，完全是气脉的问题，在宋、明以后，懂得《太素》的，称为三指禅，不但在摸脉以后，能了解病人的病情，并且可以了解其人的穷通富贵。脉理真是一门玄而又玄的学问，难怪称这些人为“三指禅”呢。

第五讲

唯心与唯物之论

任何一种学说都有其哲学的基础，中医的医理学当然也不例外。

有人说中医医理学是唯心之学，究竟医理是否真是唯心之论，确是一个值得研究的问题。但中医所谓的唯心是本体之心，是一种代号；而西方文化中的心，乃指思维冥想的作用。

实际上，中医医理是意识与生理作用结合为一元的意思，与西方的“唯心”不能混为一谈。

至于西医，则是真正的唯物。我们可以拿机器的测察人体为依据，而证明其唯物之基础。

西方心理学的研究，往往先以猴子，或老鼠、狗做试验，然而猴子与老鼠的心理，与人类的心理，恐怕尚有一段距离。

不论唯心也好，唯物也好，中医也好，西医也好，医理学的本身，都是从受精后的形而下开始，对于生命的来源，形而上的本体，都未加了解。但是，生命的来源是最重要的，二十一世纪的医学，必然是中西医合流，也必定是要追寻形而上生命之根本的。

孙大夫和老虎

中国医学史，在魏晋时期开始了新纪元，因为印度医学、天文等于此时输入中国，受了这种外来文化的影响，演变至唐代，印度医学与道家医学合流，汇成了医学的新系统。

唐代前后有两位大名医，一是陶弘景，为梁武帝时人，又别称之为“山中宰相”，山中的黑衣宰相。梁武帝初期，凡在政治遇到疑难大事，必定要向其请教。陶著有《本草经注》等医书。

另一位大医生便是唐代的道家孙真人孙思邈，他不但综合了印度的医学，并且还融会了阿拉伯的医学。

传说中，龙王曾变化为人，向孙大夫求医。而最神妙的一桩传说，是他在山中遇见老虎挡路的一幕。当时老虎张口示孙大夫，原来虎牙中夹了一根细骨，特来求医的。他当即拿出钳子，拔掉虎牙中之骨刺，自此之后，孙大夫来往就有老虎护卫了。

当然这件事有多少真实性，不得而知，但是有一点我们可以推测的，就是孙思邈一定是一位神奇的大国手无疑。

印度医学的说法

《内经》的理论，把人体之构成，归纳为卅六因素。

印度的观念，把人体分为地、水、火、风四大类。比如说，骨为地类，内分泌、血液等为水类，温度为火类，呼吸为风类。

在这四大类之中，每大类有一百一十种病，四大类共有四百四十种病，比如伤风为风大类之病，癌症为地大类之病等。任何一种病皆促人致死，如久睡而累为睡病，坐久为坐病，所以人人随时都在病中。

我们人的四大类，是不实有的，不会永远存在的，这四大只不过是我们之所属，而非我们之所有，四大皆空的观念也是由此而形成的。

生命的构成

生命是如何构成的？

让我们先看看两千多年前印度的说法。

要有三个条件聚集在一起，才会形成新的生命，这三个条件是：卵子、精子和灵魂。

缺少任何一个因素，生命都不会构成，这叫作三缘和合。

生命构成之后，以七天为一个周期，经过三十八个七天，母体中风轮转动，新生命就诞生了。

这个母体之中的风轮，就是中国医学上所谓的“气”，印度所谓的“风”。

与这种说法同时的，还有关于对一碗水中生命的观念，就是释迦牟尼所认为，一碗水中有八万四千个生命的说法。

这种说法虽远在二千多年以前，但是获得了近代科学的证明，在显微镜下看到一碗水中的细菌生命，何止八万四千。

孔子与释迦的会议

提起了这个神秘的气脉问题，使我们想到中国《易经》文化、埃及文化及印度文化的共同性。《易经》之七日来复，正符合了印度的佛学理论，使人感到，孔子与释迦，在开始他们的学说宣扬之前，已在一起开过会议，商定好了意见，然后再各自前往一处教化人民。

这当然是一个笑话，不过证明了人类冰河期的史前文化，早已达到了巅峰状态。当前期人类毁灭之后，那极少数留下的人，以及高度发达的部分文化，又再辗转延续罢了。

什么是气脉

提到气脉二字，许多人都会认为那是一种筋，或者血管之类的东西。

中医所谓的十二经脉，确实是包括了有形的血管等等，在解剖学上来说，是肉眼可见的人身具体的组织。

但是道家所谓的奇经八脉，与密宗所讲求的三脉七轮，只是具有作用，而在人体解剖时，却不见一物。

气是无形而有质的，好像原子能的排列，如果拿眼前东西作比，就如生火时所冒的烟，这些烟也走一条路线，但并非在一定的管子中行进。

所以，多少年来，西方生理学，以及我们中国人，都认为气脉是玄而又玄的玩意儿，原因就是气脉是看不见的。

究竟这个看不见的气脉是什么？

它既不是呼吸之息，也不是空气中之大气，但在活生生的生命中，却证实了它的无上功能，影响重大。

也许我们可以勉强称之为“生命能”吧！

奇经八脉

道家最重视的奇经八脉，就是：

任、督、冲、带、阴维、阳维、阴跷、阳跷。（如下图）

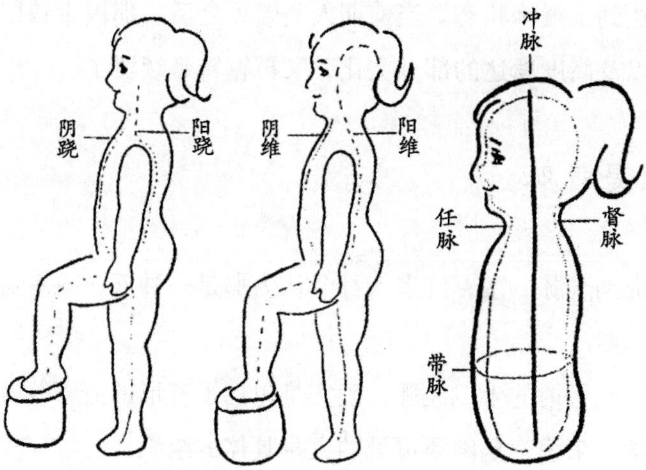

为什么称它们为奇经八脉呢？

因为奇是数字的代号，在阴阳的观点上来说，奇就是阳，因为此八脉影响着阳气所走之路，故而称为奇经八脉，所谓奇，并不是稀奇古怪的意思。

奇经八脉专管阳气之路，这个系统，并不是十二经脉的系统，但奇经八脉却辅助支配了十二经脉。

奇经八脉既司无形的精神，有人认为就是道家所谓的

“精气神”，这一点是有问题的。

但是中医的理论，却非常重视奇经八脉。

气脉之争

印度无奇经八脉及十二经脈之说，但在唐代传进西藏的密宗，却有另外关于气脉的理论，就是三脉七轮。

在医学的观点上来说，气脉就是气脉，但在练气功及瑜珈术者的眼中，气脉的问题非常重大，他们认为奇经八脉不够精细完整，三脉七轮才是正确的说法。

至于我们的道家，又认为三脉七轮无啥稀奇，奇经八脉才正确。大家争来吵去，也有千多年的时光了，不管谁是谁非，气脉对于针灸关系太直接太密切了。前面简略说过了奇经八脉，让我们也将三脉七轮作一个介绍，大家再来判断吧！

三脉是什么

三脉是三条气脉，即中脉、左脉及右脉。

最重要的一条为中脉，是蓝色，似乎是在脊髓的中间，由顶下至海底。海底即肛门前的一片三角形地带，密宗又称之为生法宫，如果是女性的话，海底就是子宫。

在中脉的两边，有左脉及右脉，与中脉平行，距离约牛毛的十分之一。

左脉为红色，右脉为白色。

左脉下通右睾丸，右脉下通左睾丸，女性则通子宫。

因为气脉是交叉的，它的路线与神经有关，所以右边病时则左边痛，左边病时右边痛。

不要认为中脉有颜色，有距离，就认为三脉是肉眼可见的具体事物了，那是不正确的。

在生理解剖的观点上来说，三脉是看不见的。只有在做静定的工夫时，气脉通了，自己才会见到它们。

七轮在哪里

什么是七轮？顾名思义，是七处与周围有连带关系的地方。

所谓七轮，就是：

顶轮、眉间轮、喉轮、心轮、脐轮、海底轮、梵穴轮。

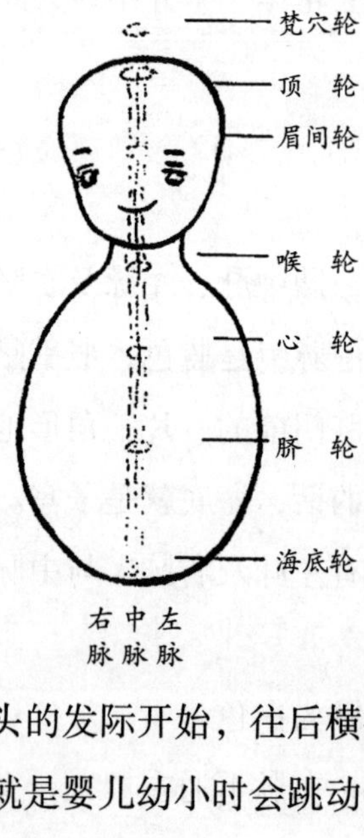

顶轮——从额头的发际开始，往后横拼四指的距离处，就是顶轮的位置，也就是婴儿幼小时会跳动的部位。以道家的说

法，此处在封口以前为先天，那时婴儿不会说话，但却表情丰富，好像有说有笑的样子，因为婴儿还处在形而上的境界中，与以往的精神环境保持接触。等到顶轮封口以后，婴儿就会说话了，而开始进入了后天的生命。

此轮又名大乐轮，在静坐未打通大乐轮以前，等于是受活罪，腿麻脚酸，一旦打通了顶轮，脑部气轮充满，其乐无比。

道家称头部为诸阳之首，似有大乐，顶轮有三十二根气脉，如雨伞一样，由间脑向外分散。

眉间轮——在两眉之间，印堂稍下的地方，称为眉间轮。道家修神仙，练静坐的人，在眉间轮气脉打通后，就会有相似神通的境界，叫作眼通。真有天眼通的人，没有任何物质的东西可以障碍到他的视野；换句话说，闭着眼睛，隔着墙壁，都可以清楚地看到外界的一切。

喉轮——由眉间轮向下，到喉结的地方，称为喉轮，这里一共有十六根气脉，像倒转的雨伞，接眉间轮诸脉，包括到上胸部的食道及气管，这个喉轮又名受用轮。依照印度治病的方法，注重气脉治疗，喉轮的十六脉若不干净，心中便难得安宁，烦恼多病，所以瑜珈术中有用白布清洗食道及胃部的办法。四川治疗疟疾，也有用鲜的葛根，去皮后，以病人中指为一寸，由口腔通入食道及胃，疟疾即愈。所以如能保持食道清洁，则可健康少病。我们喝了牛奶，在空杯子上，可以看到残留的奶汁，牛奶尚且不过是流体而已，我们一日数餐，食道中脏乱的情形，也就同垃圾桶差不多了，焉能健康长寿。以个人的经验，喉轮与胃壁极难保持清洁，唯一的办法是少食。

心轮——神秘学者称为法轮，此轮在肚脐上四寸（人身寸）的地方，共有八脉，也像雨伞一样，向下分散。

脐轮——在脐轮的地方，是神经丛的中心，由此开始，向外分散六十四根脉，中间分散达到腰的四周，往上分散达到心轮，向下分散达脚跟。

海底轮——由脐分散的脉，接到海底轮，就是男性的会阴，臀下的三角地带，女性的子宫口之上。

道家对生命的看法，男性一切生命的原动力，都在身体的下面，所以男性善立，如果两膝有力而灵活，则是健康与长寿的象征，男性年老时两腿发软，就不是好现象了。

至于女性的生命力，则在肚脐以上的部位，所以女子不善久立，而且走路摇曳生姿，就是因为下面没有力量。

梵穴轮——前六轮都在人体之中，这第七轮，却在人体之外。

在顶轮处四指之外的上方，离开了头顶，就是梵穴轮的地方，在这里，人体放射出光芒。这种说法，以前认为似乎有点荒诞无稽，但是近年的红外线摄影，已可摄到人体放光的情形，而证实了梵穴轮的可能正确性。（红外线摄影指利用红外辐射线进行的摄影。——编注）

据说，红外线摄影，证明任何物体都可发光，植物自然也不例外。最妙的是，当我们离开了坐过的地方三小时后，红外线摄影，仍可摄到我们残留在那里的放射光。

七天的变化

前面粗浅地介绍了气脉的问题，现在谈一谈生命的入胎变化。

在卵子与精子结合，生命开始后，第一个七天，生成了督脉，上从间脑下达海底。第二个七天，生出左右两眼，此后则每七天一个变化，到了三十八个七天后，婴儿才会出世。

这也就是七日来复的道理，后天的生命、身心的变化，都是七天一个周期。如患伤寒症的病人，七天一个变化，要经过三七二十一天才会痊愈。

你的鼻子通不通

说了半天，各种气脉问题，归根结底一句话，奇经八脉与三脉七轮是并不冲突的。三脉中之中脉，就是冲脉，而道家所谓的左青龙（主血）右白虎（主气），即三脉中之左右两脉。

前面气脉的介绍，等于陪同大家逛了一趟中国西藏及印度，简单地看看这些人体神秘学的陈列。但是，最要紧的是我们能知道如何调整气脉，将来有机会，也许再做专门的介绍。

如果醒时发现仅右鼻通时，就是稍有疾病的前奏，正常的人，白天左鼻通（阳），夜里右鼻通（阴），时间的计算是夜十一时起，到中午十一时算白天，过后则算夜间。

生命的来源问题

气脉是根据什么在生长？靠什么在变化？是上帝的安排吗？是菩萨的旨意吗？抑是自然的现象？

这是生命来源的问题，医理本来就是玄而又玄了，再加上生命的来源，就更是玄上加玄了。

生命的来源是医理的哲学，医理学引导着医学，但哲学却引导着医理学，所以我们也不能不追索生命来源的问题了。

第六讲

碧眼方瞳是神仙
易经六十四卦与七轮
脈和脉
血是什么
奇经八脉和十二经脈
食气者寿
不要被八卦所困
星棋遍布的八脉
子午流注和灵龟八法的节气问题
子午卯酉
道家的活子时
针灸与活子时

碧眼方瞳是神仙

上次说到三脉时，曾指出三脉的颜色，后来有许多人来问，不知这个颜色是否在人体解剖时可以看到，如果可以看到的话，那么三脉就是一种神经或器官了，怎么能说是无形呢？

现在我要郑重告诉各位，在人体解剖时，三脉是绝对看不见的，所谓的三脉颜色，是修炼气脉有成就的人，在定境中，自己反视到自己体内，所看到的颜色；中脉打通时，定境中呈出一种蓝色等景象，道家有一句话："碧眼方瞳是神仙。"

这就是说，修道有成就时，气脉全通，两眼蓝色，眼瞳定而有力，发出方楞似的光芒。这句话并不证明，白种人的碧眼就是中脉已通，请大家不要误会，因为道家是我们中国的产物。

易经六十四卦与七轮

在我们说到七轮时，曾提到每轮的脉数，心轮有八脉；喉轮则加倍，为十六脉；顶轮又加倍，为三十二脉；脐轮则为六十四脉。

这些脉上下雨伞形放射交接，形成葫芦状（如下图）。

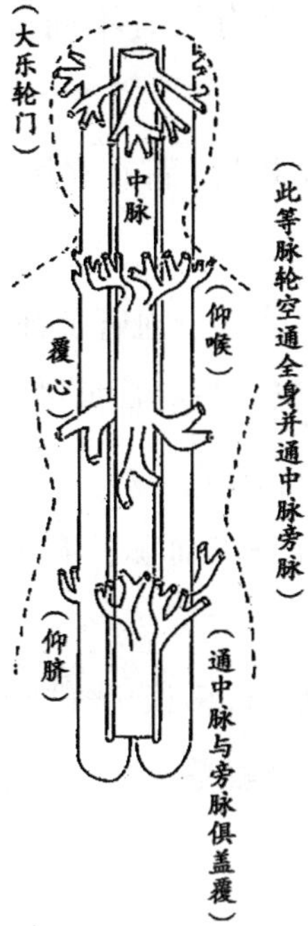

再看这些脉的数字，从八至六十四，与《易经》的由八卦演变成十六卦、三十二卦，以及六十四卦，恰好是同一原理。

《易经》是画宇宙的现象而得，而七轮的法则，正说明了人体是一个小宇宙。

心轮的八脉，加上喉轮十六脉，加上顶轮的三十二脉，最后加上脐轮的六十四脉，合计得一百二十脉，配上地、水、火、风四大类的病种，归纳出人体可能产生的疾病的类别与部位。

脤和脉

现在又说到中国奇经八脉的问题了。

“脈”字和“脉”字有没有不同？这两个字代表不同的意义。

但是中国古代的医书上，都在通用，如果从气脉的道理来讲，一定要认识清楚。

“脈”，血脈之脈，代表着血管及神经。

“脉”是气脉的意思，与血管神经有关，但并非相同。

《内经》一书中所谈到的“脈”与“脉”，有时意义是相通的，其实，有的地方是讲血脈，有的地方，却是讲气脉的问题。

西洋近代文化，也有许多谈论气脉问题的理论和书籍，有许多称之为超越的电磁波等等。

血是什么

生活在二十世纪的我们，天天听到高血压呀，验血呀，血糖呀，贫血呀，种种关于血的问题。

一个青年人，去看一个中医老先生，听到他说病人血不清的话，不免偷偷地暗自发笑，心中下了一个断语，认为中医太不科学，没有经过检查，就说什么血清不清的问题。

其实，现代的人，都是把“血”作表面的解释，认为就是血管中奔流的红色东西而已。

但是中国古代的医书上，“血”的真正含义是广泛的。

“血”包含了人体中各种的液体，除了血管中的血以外，所有的内分泌（荷尔蒙），人体内在的各种化合都包括在内，所以中医的一句“血不清”，可能意味着内分泌不平衡。

因此，我们先要了解中医学上“血”的含义，才能深入研究。

奇经八脉和十二经脉

奇经八脉为什么如此重要呢？

在道家的经验上来说，如果奇经八脉都畅通了，精神状况便会达到一种超越的境界，就是：“精满不思淫，气满不思食，神满不思睡。”

奇经八脉如何才会打通？

在《黄帝内经》和道家的丹经里，曾作过一个比喻，在十二经脉气机充满时候，才可能流溢分散到奇经八脉之路线中，就好像一条大河，或者水库，涨满之后，自会流到特置的沟渠之中，可是十二经脉的气机如何才能充满呢？这就要靠修持的工夫和成就了。

食气者寿

许多道书以及《孔子家语》上也曾说过：食气者寿。

道家的说法是：“食肉者勇而悍，食谷者慧而夭，不食者神明而不死。”（另有不同说法）

许多人认为，爱吃牛肉的民族，是富于侵略性的。它是否也是根据道家的话，不得而知。而我们食五谷的人，虽然聪明智慧，难免多病而寿促。唯有不吃的人，才能长寿，那也是一件不可思议的事！

如此说来，我们还没有长寿，岂不是先就要饿死了吗？

其实，这个意思就是尽量少食而已，昨晚看见晚报上的一则科学新闻，说到西方医学对于健康长寿的新理论，第一桩就是少食；卅岁以后尤应少吃脂肪及糖之类，他们的这种少食说法，道家在千年前就已经提倡了。

可是，提到少食或不食，却并非一件简单的事，如果不知道运用气脉的原理，不食是要命的事，道家的这句话，也是在说明气脉的重要。十年前，本人曾作赌徒式的试验，一共有廿八天不食的经历，这廿八天中只饮茶水，偶尔也吃一根香蕉。在这一次的体验中，发觉最危险的时候是第三天到第四天。

在第三天不食时，精力衰落，气力耗完的样子，一定要躺下了。此时最重要的是，心情坦然，要运用一种气功，充满胃里的气，使胃壁不会发生摩擦而出血。

过了第四天，头脑清醒，精神充沛，也许就有碧眼方瞳的意味。

但是廿八天中，意识习惯上的食欲却是仍然存在的。

中国旧式的人家，时常有人把床的四脚放在活乌龟的壳上，以取灵龟长寿的吉祥。如果注意那些乌龟，几十年不吃不喝，只是时常伸出头来吸气（也许同时吸食了空气中的小虫和微生物）；灵龟会自通任脉，据说千年的灵龟，就是食气者寿的表征。

不要被八卦所困

奇经八脉中的任督二脉在哪里？我们常看到现代的武侠小

说，随处描写着任督二脉，但是中国文化史上，最早提到任督二脉的，除了《黄帝内经》外，就是《庄子》了。

《庄子·养生主》中庖丁解牛的寓言，便提到“缘督以为经”，“中经首之会”。

可是《庄子》未提到任脉，有人说，《黄帝内经》实际上是战国时代的文化，那时齐国的方士们，研究道家的传统文化而编写了《内经》，这桩考据的事，不在本题讨论之内，但是它实在证明了医学发展史是很有问题的。

道家认为任督二脉等于天地间之阴阳，说到这里，我认为大家应该丢掉八卦的包袱，根据这一法则而另寻科学的途径，因为气脉与八卦的关系，是后人在唐、宋之间硬套上去的，如果中医仍停留在八卦的圈子中打转，就会变成前途有限，后患无穷了。因为学医的人精通《易经》的象数已不容易，何况象数之学与医学联姻，有对有不对的地方，不能太过牵强。

星棋遍布的八脉

看一看人体八脉的图（参考第五讲中“奇经八脉”一节），真像天空中的星斗，难怪道家称人为一小天地了。但是，有关这一点，中医与丹道家间理论并不完全联系。

八脉的督脉和任脉，都起自会阴（即是密宗所谓的生法宫），上至百会穴。如果八脉配合了针灸、气功、点穴、按摩，联合沟通，无疑是一门新的人体生命知识的宝藏。同时也可为医学开一新的纪元。

督脉司气的作用，影响支配着全部脊髓神经系统。

任脉司血的作用。

治疗男性的病，以督脉为重，女子则以任脉为要。

冲脉即中脉。

带脉在中间，对于女性最为重要，凡妇科的毛病，每与带脉有关。

阳跷及阴跷，阳维及阴维司人体上下部与左右肢的功能，是交叉的。

子午流注和灵龟八法的节气问题

这是针灸的两种方法，与穴道及奇经八脉有关，而用天干地支的方法再加配合。

但是现在使用这种方法是非常有问题的，如果弄错了，就很严重。

第一，就是现在所用的廿四节气，是否有了偏差？

在最初历法订定廿四节气时，确是非常准确的，中国是历法、天文发达的国家，可是天体躔度的差异，星象方位不断变化所产生的偏差，廿四节气应常作校正，但是我们的廿四节气和黄历已经有几百年没有校正了，这些节气，可能已偏了好多度，再以有问题的节气作应用的标准，岂不是偏而又偏了吗？

在埃及造金字塔的时候，当时塔中有一个洞眼，是正对着北斗星的，现在从那个洞眼向外看，根本看不到北斗星。原来北斗星都偏到很远的侧方了，宇宙天体的变迁真是不可思议，历法不快点作校正，针灸再循不正确的节气来应用，真是兹事体大了。

第二，使用干支开穴的方法，对每一个患者都用同一干支规则来推算，就值得研究了。这种计算的程式，是采用唐代星命学发展以后的方法，男女老幼，定命造化的年、月、日、时，各有不同，根据《内经》原理与星命学牵涉，每个人发病及其应好应坏的时期，也各有定数。假定这个原则是对的，那么，诊断每一个人的气脉和开穴，势必先要了解命理学（即星命学）才行。学医兼通命理，可能吗？有必要吗？或者并非如此？实在需要重新研究，确定其原理与法则。

第三，只凭日干加地支，再加时支，完全不管廿四节气和干支的关系，不管空间地区，不问来人的年龄等问题，是否完全恰当，实在值得作深入的研究！

现在国际上一般人都震惊于中国医学和针灸的发达。我看到过那些最新所整理的资料，还是不够科学。原因只是他们把几千年来杂乱无章的医理和实用，归纳成一种较为具体而有系统的法则，并无合于人体生理和自然物理的新发现。

至于应用的有效，那也是根据中国古人经验的传习而来，并非有了特别新的发明。我们的中西医学界，为什么不团结一致，携手合作来自求究竟呢？

以上的问题，先只提出问题的重点，等以后再作讨论。

子午卯酉

道家为了打通任脉及督脉，先从打坐开始，以十二时辰的法则，配合着气脉及八卦的形象，我们可以先看一看这个图。

这个图表示体内任督二脉，子的位置是会阴之处，也是任督二脉的起点，上达于午，就是百会穴。

卯时正当人体的夹脊之处。

酉时，正是人体的丹田之处。

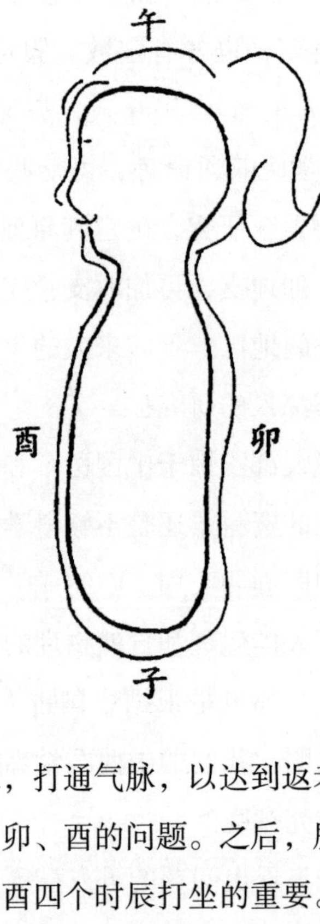

由于要修气脉，打通气脉，以达到返老还童的境界，道家就提出了子、午、卯、酉的问题。之后，所有修气的人，都固执于子、午、卯、酉四个时辰打坐的重要。事实上，能够每日在子午卯酉打坐，当然确有效果，那是另有原因。

道家打坐更有一种说法，就是：子午温养，卯酉沐浴。

所以有些打坐的人，依文解意，便在每天卯、酉两个时辰必定要去洗澡，而忽略了子午卯酉四字，是在解释打坐的天地法则，并非完全属于刻板的定时作用。

道家的活子时

由子午卯酉来看，“子”的部位意义极为重大，那是一个生命原动力生法之宫，气脉的发起之枢纽，所以说，这个子时是活的。

既然道家认为，人身是一个小天地，万物各有一太极，那么在本身的这个天地的系统中，也自有其自我的运行，与天地运行的法则，虽有大的关联，但也有小我的自主能力。

在季节上来说，“子”代表十一月，是一阳初生的地雷复卦。

在人的生命上来说，阳代表着阳能，在阳能发动的时候，正是所谓活的子时，并不一定要合于天地法则固定的子时。

这才是本身小天地的运行起点。

一个男婴孩，正睡在摇篮中，在他将醒未醒的一刹那，性器官忽然膨胀起来，恰为老子所谓“未知牝牡之合而朘作”。

这个婴儿既没有性欲，也不知道男女之事，这正是他阳能发起的时候，也正是他自身系统中的活子时。

一个病人，只要还有生命活力的气机存在，他也有活子时的征候。不过，不全是以性器官作标准，而是以精神衰旺的周期性来推算的。

把握住了活子时的动力，使自己身心定住不生一念，阳气才能上升，这就是道家的修炼法则。

在人类长大成熟，一阳来复之时，也就是活子时的时候，都去追逐异性而放射，如果能趁机静坐而升华，回转到督脉，及其道而行之，就成为炼精化气了。

针灸与活子时

不论针灸与点穴，都注重气脉的开合。

气脉的开闭又是随廿四节气而变化的，这是一种为时颇久的理论。

但是，我们前面已经指出，历法长久未经校正，日月星辰角度的偏差，使得旧有沿用数百年的廿四节气，发生了值得怀疑的情况。

如果按照廿四节气的天干地支针灸，或者是没有配合气候的法则，它会不会产生不良的后果，应该值得研究。

所以，针灸应在“活子时”上发展，道家的奇门遁甲学中有云：

阴阳顺逆妙难穷　二至还乡一九宫
若人识得阴阳理　天地都来一掌中

所谓二至就是冬至一阳生，夏至一阴生，一九就是后天卦的坎离二卦，也即子午的代表数字。

如果暂时丢弃了廿四节气是可以的，但是四季的重要，却要把握，春夏秋冬大气象的变化影响，是不能抛弃的。

然后再把握住个人的“活子时”及奇经八脉的道理，研究出一套新的针灸法则，这可能是对人类真正重要及有意义的贡献。

第七讲

五星联珠
汉代的京房先生
宋元时代的医学
火神爷附子汤
一天呼吸多少次
两个宇宙
点穴和气脉
气脉穴道的求证
再说活子时

站在中国文化的立场上来说，目前的世界潮流趋势，我们真应该很高兴。

站在中国医药发展的立场而言，我们更应该很兴奋了。

因为针灸在麻醉效果上的功用，已震动了世界。西方讲求科学的医药界，都在热衷地研究针灸，这不是我们的光荣吗？

但是，我心中却难过万分，因为这些只是我们老祖宗的光荣，证明了我们有了不起的祖先而已，至于我们自己又如何呢？到目前为止，实在毫无光荣可言。

我们要马上用新的方法，在理论上创新医学的基础，将一切古老的干支问题，及勉强套在医理上的《易经》八卦丢掉，医学才能进步，才会有适合时代的创造和成就。

司马迁在《史记》中就说过："尝窃观阴阳之术，大祥而众忌讳，使人拘而多所畏，然其序四时之大顺，不可失也。"

大陆现在虽然也忙于整理中国的医学，但是也只是限于整理而已，整理出来的仍是老祖宗的东西，而积极地重新估价及计算才能将中医发扬光大。

五星联珠

要想批判是非，首先要了解事情的本身，所以，医理的历史发展和哲学基础，一定要先弄清楚，才能谈到保存和丢弃的问题。

在座之中有些朋友，表示对五行干支及六十花甲的问题，仍太模糊，希望能再加解释，所以现在再花一点时间，来作补充的说明。

所谓五行是代表五星的辐射作用。

十天干是代表太阳系的物理系统，十二地支是地球与月亮的运行作用，天干地支是互相作用的。

干支的配合，成为六十花甲，这也是抽象的天文学。所谓抽象，意思是理论的天文学。

六十花甲成为一个段落，扩而大之，可以成为六百年、六千年。缩而小之，可以代表六十天、六十时辰。

在当时，六十花甲定为三个时期，共为一百八十年，分为上元、中元及下元。

干支的起源是黄帝时代，以黄帝即位时，定为甲子年甲子月甲子日甲子时。尧即位则为甲辰年。

据说，是黄帝命大挠造甲子，因为要以天文星象，来制定历法的关系。

甲子究竟是不是黄帝时制定的，抑是后人冒名而定，我们不来深究，重要的是，在黄帝时代的那一天，正好是天文中五星联珠的时候。

到宋代赵匡胤时代，天空星象又呈现五星联珠的状况。据说，星象在五星联珠时，在地球上的人文世界中，也象征着学问的鼎盛，所以宋代的文风极旺。根据儒家的眼光来看文化史，宋代的许多成就都是了不起的，那个时代文才人士之多，也是创纪录的。

汉代的京房先生

干支的问题到了汉代京房的手中，就起了变化。

汉代的人物与学风，在历史上是划时代的，那时不但阴阳五行、天干、地支及历法达到了最兴盛蓬勃的时期，就连医学也是高潮和有成就的阶段。

京房，这位专精理论天文的先生，大概觉得这一切历法上的问题，诸如五行、干支等，太杂乱了，所以把它们作了一个整理，统统归纳到一起，纳入《易经》学理的系统，后人称之为纳甲。

因为汉代的医学非常昌明，阴阳家的学说也非常发达，京房先生这一套纳甲理论，也就自然而然地搬进医学的领域中去了。

到了宋代邵康节，就总其成著了《皇极经世》，更为包罗万象，充分发扬了。

宋元时代的医学

现在言归正传，再来谈医学的问题。

宋、元时代的一位大医师，名叫“滑寿”者，认为《内经》中的十二经脉，应再增加包括任督二脉，而成为十四经脉。

在宋、元时代，中医是中国史上最灿烂光辉的时代，所谓子午流注，及灵龟八法，都是那个时代的杰作。

当时，更有金元四大家，即四大学派，影响了元、明、清三代的医学。

在这些学派之中，有一派是以治脾、胃经为主，认为不论什么病，都应该先治理脾、胃，把胃强健起来，其他的毛病才能诊治。

另有一派是以治肾经为主，他们的理论是水火既济的道理（肾属水）。

总之，这个时代医学有建树，是因为医学融合道家学说，已经有了实际的施证成效。所以，滑寿大师才倡言道家任督二脉的重要，甚至要将任督二脉加入《内经》的十二经脉中，这也是医学的创新，是医学的发扬。

火神爷附子汤

说到各学派治病的方法，联想到了医生见仁见智的问题。

就拿附子这味药来说吧！许多医生与病人，不敢轻易使用这味药，因为它的毒气颇重，一不小心就会闹出人命。

在抗战时到达四川后，遇见了一位有名的中医，外号叫火神爷。

这位火神爷家中常年不断地煮着一大锅附子汤，谁都可以喝上一碗。

对于这一桩医案，我内心常感不解，到了峨眉山，才因庙中僧人喝附子汤而有所契悟。

原来峨眉中峰大坪寺的开山祖师，当年初建山上寺庙时，受过许多困苦，在他饥寒交迫时，常在山中采集乌头来吃，乌头也就是附子。后来山上的僧众相沿成习，每年规定一日，全体僧人停食，只喝附子汤，以纪念开山祖师的艰苦奋斗。

当大家喝附子汤的这日子来临时，附子早已入锅煮一昼夜又多了，所以大家年年都喝附子汤，但也没有死过一个人。于是我才恍然大悟，经过久煮的附子，可能毒性早已挥发殆尽，剩下的是增加热能的成分了，难怪火神爷家的附子汤大锅，也是日夜不停地在沸腾着。

当然，这是属于药物学及化学的范围，我们只能提起注意，这一切都正待进一步科学的研究才是中医学的正途。

一天呼吸多少次

《内经》及《难经》上说：一吸走脈三寸，一呼又走三寸。一呼一吸为一息，一息之间，脈走六寸。一昼夜，人呼吸一万三千五百息，脈走五十度。

每二百七十息时，脈走三十六丈二尺。

一昼夜，脈共走八百一十丈。

漏水下百刻，阴阳走二十五度。

我们看了这些寸、度、丈、息，没有人不糊涂，更不知道这种度量衡是什么标准。

暂且置之不理，再来看一看西方的科学计算，这也许是我们能够了解的。

每分钟每人平均呼吸十八次。

普通人脉搏的跳动，每分钟平均七十五次。

廿四小时呼吸二万五千九百二十次。

太阳经过二万五千九百二十年，完成一次周期轮转。

我们先把中西两方面做一个比较来看。

《内经》观点：廿四小时呼吸二万七千次。

西方观点：廿四小时呼吸二万五千九百二十次。

相差约一千次，也许男女有别，或者今古人体力也有差别，那么这个相差数字等于并不存在。

再看西方说法中的一点，认为人的一昼夜呼吸，与太阳的周期轮转是一样的数字。

这意味着什么？

这证明了道家的学说，认为人体是一个小宇宙，将一昼夜的周期扩而大之，就是太阳的运行周期。

由此看来，中西的论调是不谋而合的。也可以说，既然是真理，外国话也好，中国话也好，说的都是一个东西。

所以，中西的文化是可以沟通的，其实，它们本来也就是沟通的。

一九七二年四月份的《人文世界》杂志上，登载了一篇翻译的文章，题目是《月亮与疾病》。这虽是一篇外国的文章，但我深深相信，这个理论是由中国道家的学说中转输到西方的，因为对这方面知识，我们中国的道家实在早已有了。

两个宇宙

说来说去，又要回到气脉的问题。学医的人，不但要懂气脉，更要懂得神秘学。

比如说，干支与潮汐有关，这是因为月亮影响着潮汐，如果我们再仔细注意一下，就会发现同样的日子，同样的干支，但在浙江与广东、东北与福建潮汐的时间仍有差别。因此，把这些有时间差别的干支，刻板地应用到人体上，是绝对有问题的。

况且，人与人各有不同，也可以说，每人自成一个自己的法则与天地，把这些不同的人，和不同的法则，都套入宇宙的大法则中，岂有不发生偏差的道理！

如果勉强套用《易经》八卦，来对付全体病人的理论，正是中医的一大缺点；他们总认为如不搬出《易经》八卦和天干地支，好像中医就没有理论根据似的。

点穴和气脉

为什么在谈医理的时候，提到武林拳术的点穴之道呢？原来点穴是与气脉有关系的。

点穴起于宋、元，在那个时期以前，是没有点穴这桩事的，这一点已足以说明点穴是与奇经八脉的针灸有关的事了。

道家与医学的观点，认为气血的运行，以气为主。

而气血的运行，与时间和人体部位，都有着极密切的关联。

外灸也是依照气脉运行的时间及部位而配合，所以说针灸与点穴，相互间也是有关联的。不过，点穴的计时，却自成一个系统罢了。

点穴所讲求的气血流注，与针灸的子午流注和灵龟八法，是相同的道理。点穴的道理大可供针灸替代麻醉方面的参考，下面是关于点穴的口诀，有关气血运行时位：

欲知气血注何经　子胆丑肝肺至寅
大肠胃主卯辰真　脾巳心午未小肠
若问膀胱肾络焦　申酉戌亥是本根
子踝丑腰寅在目　卯面辰头巳手足
午胸未腹申心中　酉脾戌头亥踝绩
（地支）

甲头乙喉丙到肩　丁心戊腹己背连
庚辛膝部正当位　壬胸癸足总相连
（天干）

气脉穴道的求证

许多人都在怀疑，气脉既然是解剖学上看不见的东西，从前的道家与医家，怎么会发现并且证明它的确有其事呢？

说到这里，就不能不谈到一位残酷的帝王了。

南朝宋废帝是个好奇心很重、秉性又极端残酷的皇帝。有一天，他指着一个孕妇，考问两位医生，要他们说胎中的婴儿是男是女。

一个医生说是一个男婴，另一个医生说是双胞胎。

为了证明谁对谁错，废帝竟然不能等到孕妇十月临盆，立刻下令用针穴法，使孕妇流产。

流产的婴儿，果然是双胞胎，废帝认为另一位判断不准的医生，医术不高明，加以刑罚。

宋废帝一下子害了三条命，真是残酷到了极点，不过由这件事可以证明，穴道及气脉的真实性。

事实上，在废帝以前，气脉的研究和证明都已存在了，那时是利用犯人，在他们活着时作解剖，在生命仍然存在的时候，看到气脉的运行。

元初的宰相耶律楚材，是个精通道家、佛家以及一切学问的人，他也曾在战场上，将垂死的人做气脉的研究，那是出于战士的要求，渴望早死的情形下而做的，并不是像宋废帝那样的残忍无道。中国古代穴道图的铜人，实完成在元代。

所以，气脉与穴道的学问，是在真正的“生”理学上完成实验的工作。不像近代的医学，是在人死后才作解剖，这种近代的生理学，实在可以说是“死”理学。

再说活子时

我们在前面已经谈到过，二十四节气的偏差问题，所以用宇宙法则来作医治的准绳，是值得重新商榷的，天干地支与地区的偏差也是一个问题，所以先要把八卦与干支请出医学的范围。

如果采用每人自身小天地的法则来作医疗的话，医生必须要懂得阴阳五行与病人的八字。换言之，医生需要会“算命”，先算了病人的命，才能再诊断下药。

这个方法似乎也是难以办到的事。

只有采用道家活子时的学理，方能创造中医的新境界。

人身既可以脱离宇宙的法则，则活子时的方法，正是以病人为主，利用自身气脉的运行而对症治疗。

中国古老的拔火罐的方法，是由“砭”治中脱胎而来，现在正被日本改进使用，称为净血治疗、真空治疗。这种方法，如配合了穴道及针灸，一定也可以在治疗上迈进新境界。

道家与医学的配合，实在非常伟大，道家云：

月盈亏　应精神之衰旺

日出没　合荣卫之寒温

把握了这个原则，尽可大胆采用活子时的法则了。

当然，要发扬这个法则，还需要大家集思广益去努力，而且必须在道家与密宗的气脉之学中寻求其原理。

第八讲

什么是精神魂魄

上药三品精气神

阴阳怪气

肾不是腰子

心在何处

你常失眠吗

神秘的间脑

又说活子时

找你自己的活子时

午时茶

老年人的五反和养生

如何学通奇经八脉和十二经脉

学剑不成　看花

提到中国文化的问题，往往会发现，古老登峰造极的杰作，不是黄帝就是伏羲。总之，都是托古人之名以显出学问的价值。这种情况与今日的社会恰恰相反，今日的许多著作和我们一样，都是文抄公，东抄古人，西抄今人，凑起来就是自己的著作了。

《黄帝内经》实际上是许多人的心血，许多人研究成就的集锦。虽然是托了黄帝之名，但其成就却是不容忽视的。

话虽如此，《黄帝内经》所涉及的医理哲学问题，仍然有许多值得怀疑及重新估价的地方，甚至可以说，基本上是有些问题的。

什么是精神魂魄

《黄帝内经》中，谈到了“精神魂魄”这四个字。

这个精神到底是什么呢？

什么是精？什么是神？

什么是魂？什么是魄？

在《内经》中，这些名词都另有定义。但是根据《内经》

的说法，我们也不能把精神下个具体的定义，更难将魂魄作一个明确的注解。

在《内经》中，我们可以了解：

五脏属阴，是藏精气神的地方。

六腑属阳，是藏质体的所在。

但是精神究竟是什么，仍然无法得知，只好借用老子的话，“恍兮惚兮”。

中国古代医理的形而上学，是唯心的，是属于天人合一，本体论的范围。《内经》是偏重于形而下的应用，所以对形而上与精神魂魄问题，无法有圆满解说，结果就变成“恍兮惚兮”了。

如果发展形而上的基本研究，医学可以达到一种伟大的新境界。就是由自我心理治疗，进而超越生理现象，这才是基本的重要问题。

上药三品精气神

道家有一本重要的书，名叫《黄庭经》。

晋朝的王羲之，是有名的书法大家，他曾亲写《黄庭经》，可见《黄庭经》在人心目中的分量。

《黄庭经》内提到了精、气、神的问题。

究竟什么是精气神？什么是精？什么是气？什么又是神？这个精又到底是不是精神的精呢？

这似乎愈说愈复杂了，就好像奇经八脉中的气血问题，也是语焉不详，互相借用，怪只怪那时候的字汇太少了，因此显得暧昧不明。

如果用今天的复杂字汇，勉强借来描写一下，那么所谓的“精气神”就好像现在人们心中的“光热力”。

把一个死去的人解剖，既无精，又无气，更无神。当然光、热、力也不存在。

所谓气，是一种生命能。

所谓精，是一种生命力。

所谓神，就是一种生命之光了。

但请大家千万不要误会，这种说法只不过是一种比喻的解释，使我们比较接近明了而已。

阴阳怪气

在医书上说，五脏属阴，但阴中却有一点真阳；这个阴中之阳，就是“火”。

六腑是阳，同样地，在阳中也有一点真阴，这个阴就是“水”。

所以道家的书上说，男人是阳，其中只有一点是至阴之气，女人是阴，其中有一点是至阳之精。

这是乾卦初爻变阴成为姤卦，以及坤卦初爻变阳成为复卦的原理。

道家以离卦☲为心，以坎卦☵为肾。

离中虚，坎中满，以坎中之阳，填离中之虚，变为纯阳。

这样又说了许多阴阴阳阳，阳而阴，阴中阳，把人搞得糊糊涂涂，糊中涂，涂中又糊，简直莫名其妙到了极点。

但是不论谁阴谁阳，只要把握到一阳来复的道理，贯通精气神治疗法则就行了。道家药物学中的水火丸、坎离丹，也都是这个道理。

肾不是腰子

去看中医的时候，往往会听到“肾亏”啦！要补一补“肾”才行啦！使病人联想到猪肉架上挂的一对腰子。

炒腰花真好吃，这一对腰花，正是生理解剖上所说的肾脏。

但是中医与道家所说的“肾”，绝对不是单指那一对腰子。

中医的“肾”是指人体的副肾、分泌腺、性神经，以及丹田内外与下部机能有关的总称。

如果将“肾”比腰子，那真是一错三千里了。

心在何处

摸一下自己胸膛的左边，扑通扑通地在跳，这不正是我们跳动的心房吗！

电视上一位美丽的歌星在唱了：“我的心里只有你没有他……”

这个只有你没有他的“心”，是不是刚才扑通扑通在跳的那个“心”呢？

当然不是，这一点我们都知道。

所以道与医的“心”好像表示的是思想，古人所谓的“心”能思想，也就是“思想”和能思想的意思。

一个人思想多了会心痛，受感动了心也会痛。

这却并不是真的“心”在痛，而是胃的上部一点的地方“任脉”的位置，“膻中”受了气的震动，而脉在动了，使你觉得心痛，证明思想也是影响着心脏的。

你常失眠吗

一个人太多思虑的话，上火。

一个人太用脑筋的话，胃出毛病。

思想影响了心脏，心属火，所以上火。胃是土，火太多，影响了土，所以胃出毛病。这也是西方医学承认的原理。

太劳累了，肾亏，而造成心肾不交的状况，就是心的活动能力，与肾的活动能力，都在衰竭，而不能互通联系，发生了中断现象，这就是心肾不交。

年纪大了，多忧虑，体力差，就容易变成心肾不交的状态，心肾不交就会失眠。

看见那些年轻人，既不会忧愁明天的事，体力又充沛之极，心肾常交，当然就贪睡了。

年轻人多愁善感，当然也会造成心肾不交。

心肾不交，要用坎水来解，才能达到水火既济的状态。

那么什么又是坎水呢？

如果能将思想及精神，放在绝对安静与平稳的状态，就是坎水发生的意思，这是道家的理论。

神秘的间脑

前几次提到的任督二脉，虽然是无形的气脉，但是仍有其所循的途径。

督脉从子午卯酉图（参考第六讲中“子午卯酉”一节）上的子处开始，也是人身的下部海底，经过背部上达间脑，再到上口腔。

任脉由舌尖开始下行，经胸腹至下部，与督脉会。

如此来看，督脉等于是脊髓神经的系统，而任脉则为自律神经的系统。任督二脉与十二经脈的道理并不一样。

督脉所通达的间脑，许多神秘学派对它有极高的评价，认为保持人类的青春，纯是间脑的作用。

有些学派又说：间脑是与人类的神通有关的，如果间脑的气脉打通了，可以听人所听不到的，看人所看不见的。

总之，间脑是在督脉上通时所达到的地方，气脉能够影响到它的作用。

又说活子时

道家所谓的后天生命是从“子”时开始，懂得了精气神的道理，能够灵活运用个人的活子时，则把握自己的健康是绝对没有问题的。这一点几乎可以绝对保证。

你以为知道了活子时就可以容易地把握住了吗？

如果你真如此想，那就未免太轻率了，因为把握活子时是极难的一桩工夫。

基本的困难在于我们难于控制自己的心念，在前面提到坎水时，曾经提到平静心念，但是心念是最难平静的，不能平静心念，如何在活子时上努力呢！

道家的“炼精化气，炼气化神，炼神还虚”这一套工夫说要十二三年完成，事实上廿年也没有人完成，基本的原因，是我们的意马心猿，不能平静下来。

找你自己的活子时

把握活子时诚属不易。先说一说活子时在什么时候，让我们都找到自己的活子时再说。

如果是个幼儿，很容易看到，我们前面已提到过，当他的性器官膨胀时，就是活子时外露的现象。那时如果测验一下他的脑波，一定会有不同的变化。

如果是青年人，在活子时，一定向异性情爱方面发展。这些都是容易知道的，所以，那时如不把握活子时的生命力，来震动任督的气脉上升，生命力即转进入十二经脉，化成后天的欲了。

但是一个老年人，他们已经没有性的冲动，难道就没有活子时了吗？

只要一息尚存，每个人都有自己的活子时。当一个老人，在将醒未醒的一刻，似乎要睁开眼睛时，那正是他的活子时。

在这个时候，不要睁眼，继续保持那蒙眬混沌的恍恍惚惚的状态，好似焖了一锅红烧肉，再多焖一会儿，那个肉味就更浓厚了。

这就是把握老年人活子时的方法，老朋友们，快点试一试吧！

午时茶

当我们疲劳不堪，气脉不通，头昏脑涨，昏昏沉沉的时候，顶好喝碗午时茶（并非中医店里制成的午时茶）。

人到了“午”时，正是“子”时的对方，处于和“子”时相反的状态。

这也是夏至一阴生，生命到了衰败的时候。

在这个时候，千万要注意温养，不可强迫自己再坚持五分钟，也许不到五分钟，拉满的弦就会断了。

所谓温养，就是保持的意思。子午温养，卯酉沐浴。

庄子所说斋心，就是沐浴的意思，是把心境洗清，把心中的杂念洗净。

中年以上的人都已到了“午”时，要赶快从“午”起修，先修回“子”时。

从抽象的理论来讲，等于说从形而上开始，修到形而下，不像年轻人，是从形而下开始，修向形而上。

老年人的五反和养生

老年人如何恢复他们的生命力呢？

有人说，老年人与普通人相比，有五种相反的情况：

（1）睡在床上睡不着，坐在椅子上反而睡着了。

（2）哭时没有眼泪，笑时眼泪出来了。

（3）大声说话听不见，小声骂他时倒听见了。

（4）年代愈久的事愈记得清，昨天的事反而记不住。

（5）性行为的能力没有了，情爱的欲望反而高。

不要以为人到了老年，想要恢复生命力就没有希望了，这是绝对不确实的。

老年人可以从注意间脑部分着手引发，如果脑下垂体没有萎缩，内分泌仍可照常，则从打坐开启活子时的努力，希望仍是很大的。

说起打坐来，我们想到一幅名画，画的是一个老和尚在打坐。那个打坐的老和尚，勾着头，驼着背，一副似坐似睡的飘飘然状态，实在艺术极了。

可是真的打坐，如果弄成这个样子就惨了。

打坐的正确姿态是正直而自然松弛的，就是我们平常坐着的姿势，也要正直，才能使间脑得到休息。

如何学通奇经八脉和十二经脉

要解答这个问题，实在有点困难。学气脉的人，总离不了看图、看书。但书能看得懂吗？的确不太容易。

古代的大医师是如何学通的呢？

原来他们都先在道家的学问中求证，个个都是懂道的人物，然后再以自己作为实验的对象，经过一段摸索实证，对医术才有把握。

说到古代道学的试验，对女性来说却是欠缺的，一切道书及医书，都是以男性为目标，这也是男性中心社会的缺点。

为此，我们探索这些学识时，要特别注意女性的问题，女性是由任脉开始的，不像男性是以督脉开始。女性气脉由任脉向头面上行。

学习了解气脉的人，在学习体验过程中，可以感觉到自己气脉的流通，如果一连工作几天没有睡觉，自会感到头昏脑涨，不能支持，这时如能按摩督脉，使气下行，再导引至下肢，头涨立刻消失。

或者采用观想的方法，假想气脉倒转逆行，廿四或卅六圈后，人也可以宁静下来了。

学剑不成　看花

说了许多的道话及医话，我想起少年时代的一桩事，那时我们看到了许多剑仙侠客的故事，一心想学剑。

后来听说杭州西湖城隍山有一个道人是剑仙，就万分决心地去求道学剑了。经过多次拜访，终于见到了这位仙风道骨的长者。

但是他不承认有道，更不承认是剑仙，又经过许久的谈话，他对我说：欲要学剑，先回家去练手腕劈刺一百天，练好后再在一间黑屋中，点一支香，用手执剑用腕力将香劈开成两片，香头不熄，然后再……

听他如此说来，心想劈一辈子，也不一定能学会剑，至于剑仙，更加当不成了，只好放弃不学。

道人反问会不会看花，当然会看，这不是多余一问吗？

“不然，”道人说，“普通人看花，聚精会神，将自己的精气神，都倾泻到花上去了，会看花的人，只是半虚着眼，似似乎乎的，反将花的精气神，吸收到自己身中来了。”

吸收了一切的植物花草的生力，借着炼神成气，还精返本，这就是道人语重心长的修道法。

朋友们，快学看花吧！

第九讲

上次我们讲到精气神的问题，精气神与奇经八脉有关，年纪大的人，可以用这种方法达到自救、健康、返老还童的状态。

关于这方面，我们又要提到道家的修法。

人老原来有药医

宋明时代有两位道家的权威，宋代的张紫阳，元末明初的张三丰。另有一位是张三峰，字音相同，但张三丰在丹道和太极拳上有伟大的成就，并且有一系列“无根树”词的名作。

中国有历史性两个最大的道家寺院，一为北京的白云观，一为四川成都的青羊宫。

青羊宫有张三丰亲自写的《无根树》词之石碑，字体都作圆形，别有仙气，事实上那是否真为张三丰所写，当然无法考证，不过《无根树》词确实为道家修炼的方法，其中涉及老人的修法如下：

无根树　花正微　树老重新接嫩枝

梅寄柳　桑接梨　传与修真作样儿

自古神仙栽接法　人老原来有药医

许多左道旁门，不深究此词的真意，都将这阕词的意思，解释为男女双修，这是很错误的。

人老了等于树老了，所谓用栽接法恢复活力，是借着宇宙间其他的力量，来培养衰微的活力，而达到充实自己生命力的目的。

这就是所谓精气神的利用，也就是利用宇宙间的光能，将神转回为气。

如何借花修我

上次我们曾经提到看花的故事。

不要以为这是一个笑话，实际上也是树老重新接嫩枝的意思。

一个人在看花的时候，将眼中的光能，向后脑收回，这种力量，可以刺激脑下垂体的均衡。

保持着这种均衡休息的状态，一个人可以感觉到自己的呼吸渐渐由粗而细，最后达到似乎停止的状态。

这时，抓住了活子时，也就可达一阳来复之境，自身生命的元气，就在发动了。

所谓“梅寄柳”“桑接梨”，也就是由宇宙间借来的一种力量，制造成了活子时的生命生发之力。

近代的医学证明，肾上腺、性腺荷尔蒙与精有关联，但与脑下垂体也有绝对的关系。

借用宇宙的光能，燃起了自己生命的活力，这不就是栽接法吗?

庄子的“与天地精神相往来”，正是这个道理。

所以，何必斤斤计较于看花呢?

看树、看草、看虚无的天空，甚至看一堆牛粪，不都是借以接到天地间的光能吗?

重要的关键不是看什么东西，而是怎么样看才能收到栽接的效果。

光 神 灵魂

借着天地间的光能，可以引发一个人的活子时，这个光能，具备特殊意义，与精气神的“神”也有着密切的关系。

《黄帝内经》中关于“神”的问题，绝不是宗教上的神。

目前的西方医学，都致力在研究，如何用光能来治疗疾病。

但是所谓“神”的问题，却仍在灵魂学及神秘学的范围之中打转。

如果有一天，西方灵魂学的研究，能借科学试验而得到成功与证实，则科学也将进入新的纪元。

超越的冥想治疗

大家看到美国的报纸杂志，常常刊载美国人对静坐的研究及狂热。

在美国大行其道的静坐，称为超越的冥想，这是瑜珈的静坐方法。

这种超越的冥想，科学上已有证明，能使人消耗氧气量下降，所以，要进入太空的话，学学静坐是很有用的。

超越的冥想应用到医学上，就是所谓的冬眠治疗。

当医生发现，一切的医药对某个病人都无效时，冬眠治疗则被采用治疗病人。

所谓冬眠治疗，是将这个病人推入一间特定的冬眠治疗房间，为期三天或更多天，进入这间房间后，病人即进入冬眠了。

其实关于气功治病，以及所谓冬眠治疗，都是中国道家的东西，如果再与针灸配合发展，前途不可限量。

头和神

人的身体分为三部，分别代表了精气神。

神的主要在头部，气的主要在胸部，精的主要在下部。

按照《无根树》的说法，人是无根的。

人真是无根吗？不，人的根在上面，在人身所代表的，脑部是神，人的根却从脑部上行，入于虚空。

所以人的根是在虚空之中，也是神识的根。

在针灸的原理上来说，头为诸阳之首，是最重要的地方，也代表了“神”。

两条腿的重要

人体的下肢多么伟大，真是不可想象。

婴儿睡在摇篮里，不停地在举着他的两腿，左右上下地摇动着，像舞蹈一样，但却从来不知道累。

《内经》中提到，婴儿的气是在两腿。

人到了中年，两腿的力量就减弱了，腿的活动也无形中减少了，喜欢坐在沙发上，常常休息自己的两腿。

到了老年，更不堪设想，坐在沙发还不够，两条腿还要跷在桌子上才行，因为人体是从脚下面开始衰老的，人的死也是逐渐进行的，由脚开始而上行。

在佛学的唯识理论中，谈到了“识”“暖”“寿”是一体的，人体的冷触一旦开始，渐渐就变为麻痹。

所以，一个人的两腿无力，就是衰老的开始，换言之，如果一个老人，两腿依然发暖，两腿仍然有力，就证明是长寿的现象。

鬼神的气魄

孔子在《易经·系传》中说：“精气为物，游魂为变，是故知鬼神之情状。”

关于魂魄的问题，我们常听到人们在说：某人有没有魄力，某人气魄够不够大！

这不是有活力与否的意思吗？其中含有气与精的要点与

因素。

再由一个“鬼”字来说，一切由“田”字开始。田字向下发展，上面戴上歪帽就是一个鬼字。

“神（神）”字左边的示补旁是从一开始，一为天，一之上加一，下面垂象三画就是象征天象的垂示。右加上下通达的申字，便是神字，神表示上下通达之意。

这就是说，依据天象的垂示，通达上下左右是为神。

在人的活力充满时为之“气”，气动则变为“神”。

用“神”的方法，呼吸往来，使身体充满了气，气是生命之能，就能转化为神了。

浩然之气

大家都知道孟子的话：养吾浩然之气。

古来谈养气的人真是不少，庄子、列子都谈过养气。庄子所说的，人能养气，成为真人，等于说，不懂养气的人都是假人，至少是白活了。

夜气是什么？那正是子时，一阳来复的时候，夜静如水，那时的宇宙浩然之气，充满在天地之间，对养气的人来说，多么的重要。

有经验的人，可以借着鼻子的嗅觉，判断时间的变化。譬如说，在古时夜里行路，没有钟表，有些人可以努力嗅一下空气，便知道是什么时刻。

因为天地的变化，反应在气的味道上，自有其共同之处。

大鼻孔的好处

看相的书上有一句话，鼻孔大见孙不见子。

这就是说，鼻孔大的人长寿，往往活得比儿子还久，所以见孙不见子。

鼻孔大小是与气有关的，瑜珈术中有特别训练鼻孔者，就是训练气功的道理。

在训练气的进出时，注意吸气的时候要细、要长、要慢，小腹收缩，这时气都进入了十二经脉。

出气时要快、要急、要猛。

普通训练的方法，是上半天作左鼻呼吸，下半天作右鼻呼吸，用手指按住另一鼻孔。

久之用丹田呼吸，自己可以体会到针灸的穴道地位。

这里所谈瑜珈的练气，及气功的练气，都是空气之气，并非精气神之气。

气功治疗肺病的方法

现在的肺病已不是难题了，药的种类太多，治疗的方法更多。

但是在以往的岁月里，肺病是麻烦的事，这里介绍的一个气功治疗，曾经治愈了不少的肺病患者。

将右手握拳，大拇指竖起，放在背后两肩胛骨下端的高度，在脊骨中心点。

左手握拳平置肚脐上。

这时开始用鼻孔的肌肉闻气，闻之有声，就好像闻到一样好吃的菜，要多闻一下似的。

这样闻气，一连六次，再口吐“呸”音，将气呼出。

如此继续作下去，一连卅六次（六吸一呸为一次），即浑身通畅，甚至汗出。

如果原来呼吸不畅通的人，经过卅六次的呼吸练习，即得鼻孔畅通无碍。

如果是肺病患者，不能以站立的姿态来作气功的话，可以躺在床上试作，效果也是一样的。

精的困惑

在中国上古的时候，所重视的是“神”；中古时代，所重视的是“气”；而在宋元以后，最重视的是“精”。

不幸的是，宋元以后所讲的精，却违反了原来的意义，而成为男子之精液及女子的卵脏，使精的含义变为狭义而且表面化了。

宋以后的说法：“四象五行皆借土，九宫八卦不离壬。”

实际上，精血包括了荷尔蒙及维生素的内分泌系统，精从脚下生，脚下涌泉穴通会阴穴（又称虚危穴，是星座名）是精开始的生发部位。

由下向上，到了海底穴，是生命能的基点，这个基点，多数人一生未能发动，如果能够发动的话，绝对可返老还童，而且海底之气发动后，人可以经常保持愉快，碰见不愉快的事情也不受影响。

这是生命的单元，与宇宙的法则相同。

第十讲

说阴道阳
孔子的阴阳
老子与太极图
中医《内经》的阴阳
综论阴阳

中国医学思想理论，是中国伞形文化的一枝，而这个中国伞形文化的伞顶，就是《易经》的文化。

中国的一切，被困在这个伞形文化之中。

既然整个的文化都受着深深的困顿，医学方面自然也不例外，事实上，医学所受的困顿最深。困顿中国文化的，第一是阴阳思想，第二是五行和天干、地支。

说阴道阳

谈到中国思想的由来，不免又使人想到阴阳的问题。

事实上，在中国文化的发展领域中，阴阳完全属于另外一个系统，到了春秋战国时代才综合起来，而加上一个家字，就有了所谓阴阳家的出现，这是司马迁的整理，而成为名正言顺。

从上古文化开始，处处都谈到阴阳的问题，但是，说阴道阳的人虽多，他们所指的意义是否是一个，则大成问题。

我可以说，孔子笔下的阴阳与老子口中的阴阳绝对不是一回事，也不是同一个东西。

这个意思就跟《大学》《中庸》不能代表孔子思想是一个道理，因为这是孔子门人所著，并非孔子所著。

也好像是，老子口中的“道”，与《孙子兵法》中的“道”，以及道家心目中的“道”，都不是一样的“道”。

孔子的阴阳

先说孔子笔下的阴阳吧！

不论《易经·系传》是否孔子所著，其中提到了阴阳思想：“一阴一阳之谓道，继之者善也，成之者性也。”

孔子所说的一阴一阳，是形而下的法则问题，这种形而下的法则，是一种不可变的定理。

孔子所说的善是什么？性又是什么？后来连禅宗的明心见性，也是借用了孔子的这个“性”字。

孔子又说：“生生之谓易，成象之谓乾，效法之谓坤，极数知来之谓占，通变之谓事，阴阳不测之谓神。”

在孔子这几句话中所提到的阴阳，很明显的是宇宙的本体，与“一阴一阳之谓道”中之阴阳，也完全不是一桩事。

有人曾问我这个阴阳是什么，我的回答是：能阴能阳非阴阳之所能。

在《说卦传》中，孔子又说：“昔者圣人之作《易》也，将以顺性命之理，是以立天之道，曰阴与阳；立地之道，曰柔与刚；立人之道，曰仁与义。”

在这一段中，我们可以了解到，所谓阴阳，纯为一种抽象的符号，这个阴阳的道理，可以应用到任何的事件与学问上去。

在物理世界之中，以动静作符号，代替了阴阳，在地球上则以刚柔为代表，而人文方面则是仁义的道理。统而称之，都可算是阴阳之理。

所以说，单以孔子所提到的阴阳而论，所代表的都不是相同的意义，更何况其他的阴阳。

老子与太极图

老子在《道德经》中说："道生一，一生二。"

这个所谓的二，似乎是阴阳，这是形而上的道，也是根据《易经》的原理而产生的。

再看一看下面这句话："万物负阴而抱阳。"

于是一幅阴阳的太极图出现了，大家提到中国文化，就想到了这一幅太极阴阳图，认为是中国文化的根源。

细察文化的历史，太极图是在唐以后才有的，而所谓万物负阴而抱阳的这幅太极阴阳图，老子连影子也没有见过啊！

中医《内经》的阴阳

在《内经》医理中，无处不是阴阳，但是这些阴阳杂说，没有经过整理，可说是一篇杂混在一起的阴阳说法，使人有迷糊不清之感。

医学的大系统，不论中西，不外乎下列数种：呼吸系统、消化系统、神经系统、感官系统、皮肤系统、骨骼系统、内分泌系统。

在医学日趋发达的今日，中医及西医已呈现了合流的趋势，西医方面由于科学的快速进步，缺乏综合的意义，更嫌分枝太多，有左耳一科右耳一科之叹；而中医又嫌太过笼统，牙痛也是阴阳欠调和，眼红也是阴火旺的那一套阴阴阳阳。

阴阳在中医中的意义有七个方面：气候、地质、呼吸、气脉、身心、组织、治疗。现在分述如下。

（一）气候阴阳

这是天象的范围，地球上的四季区分，是中医最重视的问题。因为气候列入了阴阳的范围，北方就是属阳，而南方变成属阴了。有一种说法，认为北水不清，南方的水才清，也是阴阳的道理。

在天平的两端，将同等重量的木炭及泥土，各系一端试验，在冬至一阳生时，木炭就重了，而在夏至一阴生时，泥土就重了些，这也算是与阴阳有关的事。

由于这种现象，说明了风雨晦暝的气象变化，产生了温度湿度的变异，深深影响了病情的发展。

但是由气候而讲到病理，是很令人困扰的事。由病理再牵扯到阴阳，更是大可不必。

（二）地质阴阳

这是风土的问题，地质土壤，影响了植物的生长，间接也影响了当地居民的体质和抵抗力。

由于寒温暑湿，当然也产生了阴阳。

在北方生长居住的人，患了伤风，都有某些习惯治疗的方法，但是到了台湾之后，昔日的老方法都不生效了，问问台湾的朋友吧，原来他们吃凤梨治伤风，吃杨桃治咳嗽，这就是地质的问题。

（三）呼吸阴阳

呼吸也有阴阳吗？真妙！左鼻是阳，右鼻是阴，信不信由你。

反正未学瑜珈术及道家方法的人，左右两鼻很难畅通，这里所说的畅通有一定的方法，就是用手按住一个鼻孔，只用另一个鼻孔，尽量吸气，到极限时，急速呼出。如此交互呼吸，而没有鼻水滴出，才算畅通。

如果两鼻畅通，表示身体健康，头脑清爽，精神愉悦，这是毫无问题的。

在中医的说法，是虚实表里，就好像一根软的水管子，没有水时，管子是虚的；有水时是实的，也是以阴阳区分。

呼吸的阴阳道理，与气候及地质阴阳来比喻，与宇宙的法则是同样的道理，只不过是将这个法则应用到人体罢了；到了人体之后，它的时间与现象，只与宇宙的法则略有不同而已。

（四）气脉阴阳

中医在诊脉的时候，用浮沉迟数来表示。究竟什么是浮？什么是沉？什么是迟？什么又是数？只有临床经验很多的医生，才能体会到此中的道理。

有了浮沉迟数，就表现出了其病情上阴阳的道理，这些病理的说法，也都在医经中与其他的阴阳之理笼统共讲。

（五）身心阴阳

这是中医的哲学部分。在中医的医理上来说，医是身心并重的，要兼顾阴阳的两面，就是身心两面，因为病起的原因，与治疗的方法，都与身心有关。

甚至，虽然有病的是我们的身体，但是心理的因素却占百分之七十，而生理只占百分之三十。

如果一个医生能给病人安全感的话，已经治了一部分的病了，所以，中医的医理，心理是重于生理的。

（六）组织阴阳

人的全身器官，都是以阴阳来代表的，头为阳，肾为阴等等。

十二经脉也有阴阳。与《易经》的说法一样，这些经脉都呈交叉的现象，所以会发生左边病医右边，右边病医左边的情况。

（七）治疗阴阳

这部分主要的是药物问题，以及一砭二针三灸四汤药的道理。

说起来药物，实在比医理更加有趣，因为按照中医学的说法，每一种药都有它的阴阳两种特性。就拿药性较猛的大黄和附子来说吧：少吃一点大黄，就有泻的作用，但是，将一斤大黄熬成药膏，服后不但不会泻肚子，反而会造成便秘的现象。

这是物极必反的道理，就是所谓阴极则阳生，阳极则阴生了。前几次谈到过附子这味药，道理也是一样的。

如果以针灸来说的话，大家都知道，有些病人天生是晕针的体质，如果一针下去病人晕了过去，在另外还阳的穴道来上一针，病人马上就好了，这也是阴阳的治疗方法。

综论阴阳

关于阴阳的问题，有本名为《易纬稽览图》的书，其中说："降阳为风，降阴为雨……是故阳还其风必暴，阴还其雨亦暴。降阳之风动不鸣条，降阴之雨润不破块。"

这些都是以阴阳来说明气象的变化。

医理及治疗方面的阴阳，仔细研究一下它们所代表的意义，就可得到一个清晰的轮廓。

所谓阴阳的道理，实际上就是一种交互作用，处处顾及阴阳，也就是求其均衡，以达到中和、协调的互相作用而已。

在某些方面来说，比如经脉的问题，所谓阴阳兼顾，也不过是一种传导的作用。再拿感冒来说，也就是一种传导的传染而已。

如能丢掉阴阳的包袱，而用具体并且容易了解的方式来作系统化的说法，不是更好吗！

第十一讲

相对论和阴阳
司马迁和五行医理
五行和五脏
五行和人体方位
五行和五味
八卦代表五脏之谬
病与梦

前一两次讲到阴阳理论及干支的问题，引起了有些朋友的意见。现在我要声明的是，我们这个题目的研究，是偏重于理论医学，涉及西方医学与中医医学的文化交流；再以中国哲学的立场及观点，期望新的医学理论能有所创立。

至于在中医的实际应用方面，诸位之中不乏高明有经验的人士，所以也不在本题目研究范围之内。

最近听到美国方面的报告及消息，针灸大行其道，但是，虽然热烈，其中却暗含隐忧，因为把针灸视为万灵丹，也是不正确的观念。

相对论和阴阳

谈到医理，应该属于抽象科学之哲学。说明在宇宙的万事万物之中，有一种相等的对冲均衡作用。

譬如说，有向心力则有离心力，有阴则有阳，这就是阴阳观念的产生。许多人把《易经》的对等和变化，与爱因斯坦的相对论列入相同并论的范围，实际上这是很不正确的。

我也不懂相对论，我相信把《易经》比作相对论的人，也不一定了解相对论。所以说，看到街上的原子理发店，并不表示与原子真有相同之处。

阴阳的道理，上次我们谈了很多，事实上阴阳的道理就是理论物理的东西应用到人体而已，而理论物理的发展，也已进入了哲学的领域。

追溯人类的文化史，埃及、希腊、阿拉伯、印度及中国，这五大系统的文化是极为相同的。

所以，中国的八卦和阴阳的说法，也许是一个劫数中，人类冰河时期文化的遗留，在冰河期人类文化极高度地发展后，遭到毁灭，残余的一部分结晶，就在不同的地区蔓延滋长起来。

既然认清了阴阳的本身意义，只不过是对等均衡力量的消长，那么舍弃了阴阳二字，又有什么关系呢！

司马迁和五行医理

说过了阴阳，再来说一说五行。五行的发展与《易经》是完全不同的，五行是西北高原的文化，沿黄河发展下来，纯属中国北部的文化系统。就好似我们提到了孔孟，知道是周代鲁国的思想，而老庄思想则是南方的楚国文化。

五行的原理，最初是应用在天文上，与医学是毫不相干的，研究一下司马迁的《史记》，就可以证明。

司马迁的真正学问，在他所著的八书之中，其中《律书》《历书》《天官书》等，都是述说人类生命与宇宙法则的关系。

在司马迁的《史记》之中，最重视的是：《游侠列传》

(侠义的行为),《货殖列传》(经济问题),《日者列传》《龟策列传》(卜卦)。

太史公司马迁,是一个天文官,精通五行阴阳,但在《史记》中记述了汉武帝嫁女选吉日的事,因各家说法不一,最后由武帝圈定。而在卜卦中所视为灵龟的观念,司马迁也指出了南方有人吃龟肉之事等等,似乎说明了这一切都有理,但是这些理也并不是绝对的。

不过,遍阅《史记》,却找不到五行阴阳与医的关系,看来司马迁对医的态度,只是承认医的需要,但却并未尊重医学,亦不重视医学,不认为医学是一门了不起的学问。

既然在《史记》中找不到阴阳五行与医学的关系,再来看魏晋时代的情况。

因为两汉时代过于重视阴阳五行,对文化造成极端的困扰,到了魏晋时代,产生了玄学,这种谈玄的风气,完全是对五行阴阳的反抗才产生的。这个反抗的潮流,演变到了唐代,才算使文化稍稍脱离阴阳五行的羁绊。

战国的阴阳家们,将原来应用在天文上的五行,转而应用到医学上,在那个时候,医学已有相当完备的理论体系。像后来的华佗这样的大医师,都是由研究医术而追索到哲学的范围,再由哲学而返回应用的医学技术。

阴阳家将五行阴阳的道理,套在已经很为发达的医学上面,形成喧宾夺主之势。实际上,医学的理论并不是根据五行而发明的,所以我再三提出丢弃阴阳五行之牢困,也是根据这个基本的道理。

医理学的本身,具有高深的理论基础,在针药、气功等各方面，以及时间与空间的重要性和相互关系，都是要兼顾的。明白了这种原理，绝对不需要用五行的法则来束缚医学的应用，相反地，我们对于把五行勉强应用在医学上，要在下面提出些疑问。

五行和五脏

五行配合人体的五脏，所产生的五行生克，使我们发生疑问。首先木是春天，五脏之中主肝。凡是春天的病，难道都是肝脏的问题吗？

秋天是金，金又主肺，可是秋天所患的病，也不可能尽是肺病。

五行和人体方位

这是来自《易经》象数的一门学说，如果应用到人体上也是大有疑问的。因为把一个判断方位的岁盘，置入人体是不准确的，对医学来说，更是毫无价值可言。

如果说方位对人体真有些关系的话，那只能说是地域的方位，住在北方的人，与住在南方的人，病情变化是不一样的。

我一向主张冬天可以吃冰的、冷的，而夏天却要喝热茶，不愿吃冰淇淋。

许多人赞扬中国人能适应环境，也是与懂得方位有些关系。

五行和五味

苦味入心，酸味入肝，甘甜入脾，辛辣入肺，咸入肾。药多半都是苦的，难道都是治心病的吗？

山西人最喜吃醋和酸的，他们的肝脏是否和其他省的人不同呢？

川贵一带的人嗜食辣椒，但我相信，他们的肺病患者，在比例上也不是最高的。

这些都是五味配合五行生克方面的疑问。

八卦代表五脏之谬

有些医学方面的人士，因为略微通晓了些《易经》八卦的道理，就把八卦搬到了人体之内。

八卦进了人体，震卦就是肝脏。仅以震卦所代表的肝脏为例子来说，已经是大大的牵强附会了。

震卦是雷，在《易经》的八卦上来说，雷共有八种，地雷复，雷天大壮，风雷益，山雷颐，天雷无妄，火雷噬嗑，雷地豫，雷风恒，而其现象更有十四种之多。

以这种复杂的现象来代表肝脏，岂不是自找麻烦吗！如果相信这些后套上的道理，无疑地，对医学都是大阻碍。

病与梦

我曾经有几次亲身经历大医师的诊疗经过，说给大家作为参考。一次是战时军中，部下有人患重病，那时偏僻地区请医很不方便，后来请来了一个极高明的医生，诊脉开方后，告诉我们，吃了这个药下去，两小时后有什么现象，四小时后又如何，等等，如果一切如此发展，则明天拿药方来改即可。后服药下去，病情发展一如所料，两服药后病就好了。

另一次，我幼年时候，害了重病，医生就是我曾学医的老师，服药后，医生坚决要守夜，果然在半夜时候，我难过极了，又大吐起来，后来病愈后询之，师云，预料半夜会大吐，怕家人惊慌，又不确定病人会难过到何种程度，故而留下守夜以观发展，求得经验。

又一次，友人患伤寒，请了大医师，服白虎汤后，夜中梦见鬼，吓出一身大汗，病即痊愈。

我说这几个实例，证明了医理的传变作用，医生多由经验中获得，而医理中很重要的，还有一种心理因素，应加强注意。

说到饮白虎汤做梦的事，引起了梦的研究问题，许多研究梦的人，认为梦与病是有关系的。

中国的文化中，谈到梦的问题的人很多，《黄帝内经》中提到梦的病学，《列子》中更有解梦篇。

至于西方的文化中，对于梦境也很注重，有性心理学的说梦，有医理学的说梦，等等。

这些梦境与疾病以及病理的关联，说起来不外乎心理的因素，心理与生理是互为因果的，互相影响的，列入医理的范围，自然是很合理的事。

至于阴阳八卦和五行，只能在抽象的观念上以及理论上，保持着一种说法，但在医学的应用方面，绝对不应该应用这些原理来束缚医学。

第十二讲

德气神精魂魄心识
情感和五脏
心理配合生理治疗
悲哀的肝
喜乐的肺
爱哭的心和昏厥的肾
意志坚强的脾
心理影响生理
物极必反
五脏的构成影响个性

中医医理的学问，只顾及病，而没有注意到人能思想，人能发生情感及意识的问题。在这方面来说，西方的医学可能也差不多。

事实上，医学应该追究意识思想从何而来，尽管科学已达到了对太空的发展，但对于这个问题，却无法回答。

德气神精魂魄心识

原始的医理，除了阴阳五行之外，将思想意识方面的问题归纳为德、气、神、精、魂、魄、心识等类。这些与哲学以及生物、心理都有关系。

何谓德?《内经》上说："天之在我者德也。"德者得也，就是成果的意思，在《内经》上来解释，有生命就是德。这个德用在道德方面是秦汉以后的事，在传统的医学上，却只是得的意思。

何谓气?"地之在我者气也"，气是体内活动的气，地球上的生命，好像是活的一种生命之能。

何谓精?"德流气薄而生者也，故生之来谓之精"，男女双方与生殖有关之分泌是为精。

何谓神？“两精相搏谓之神”，两精相搏成为神。此神既非宗教方面之神，亦非道家所谓之神，乃是生命之神。神既是自身的生命，如生命完结则神亦不存在了。这个意思不像儒释道方面对神的观念，认为离开肉体生命之外有神，儒释道这种对神的观念，在中医医理之中是找不到的。

何谓魂？“随神往来者谓之魂”，跟着神往来者是为魂，如此说来，魂并非神。

何谓魄？“并精而出入者谓之魄”，跟精出入者是为魄。

何谓心识？“所以任物者谓之心，心有所忆谓之意，意之所存谓之志，因志而存变谓之思，因思而远慕谓之虑，因虑而处物谓之智。”

看看这种说法，其中毫无阴阳五行，仔细研究其内容，似乎不成系统，本身互相矛盾，至于人类之思虑如何而来，则仍不得而知。所以这种说法只能算是模棱两可的，不彻底的，使学者难以明了。

情感和五脏

《中庸》上说：“喜怒哀乐之未发谓之中。”

一般人都认为这个所谓喜怒哀乐，再加上爱恶欲共为七情，是一种纯粹的心理现象，如果心理能够平静，就是得道了。

这种说法和想法是绝对错误的，因为《中庸》上所说的情，并非心理部分，而是生理的问题。

有些人有周期性的情绪不佳，有些人悲观烦闷等，他们的心中知道自己情绪不佳，也很愿意丢掉悲观烦闷，但是却无法克服，因为这是生理上内脏的影响所造成，并非心理的问题。

所以在《礼记》上论到性情，指性为能思想者，指情为内脏，就是这个道理。

心理配合生理治疗

《内经》上提到情绪的问题，谈论颇多，主要的是说人的情绪影响病情极大。

“喜乐者，神惮散而不藏；愁忧者，气闭塞而不行；盛怒者，迷惑而不治；恐惧者，神荡惮而不收。”

《内经》上又说到心神的关系，“心怵惕思虑则伤神，神伤则恐惧自失。破皮脱肉，毛悴色夭，死于冬”。如忧虑则伤神，人自然会变瘦，颜色干枯，病重者冬天死。

说到冬天死，就涉及五行生克的道理，据医师的注解，因为心理作用影响生理，使人消瘦，心属火，冬天属水，故至冬天火受水克而亡。

所以许多的医疗是用心理的方法，这一点又要说到清朝的名医叶天士了。

有一天，叶大医师的女儿后颈长了一个对口疮，不能开刀，疼痛啼哭，叶天士就对她说，不要哭，过七天后，你的腿上还要长一个疮，比现在的更大更痛。

他的女儿听到，不免天天看着腿上那个地方，久之血液集中，果然出了毛病，原来的疮反而好了，叶天士就把腿上的疮开刀治疗，这是心理作用转移法，就是心理配合生理的治疗。

悲哀的肝

前面说过情绪是五脏所影响，如果一个天生悲观的人，在医学的理论上来说，认为此人的肝不太健康，至少他的肝多少有点儿问题。

如果不是天生悲观的人，但因为一时某种影响，导致悲哀，又不知自拔，久而久之会产生一种阴缩的现象。所谓阴缩，是指性的方面发生冷感现象，以及性器官的萎缩，另一方面，阴气亦呈萎缩，脸色随之发生变化。

肝在五行上属木，如果肝出了毛病，严重致死的时间是秋天，因为秋季属金，金克木之故也。

肝的不健全或者有病，常会表现在一个人情绪狂妄之上，也就是说思想言语有扩大欠真的情况，归纳为魂受伤，会导致精神病症。

所以，从一个人的情绪，即可判断他的病症，知道了病人的病，也就可以判断他的命运了，这就是以往所谓的，能医能卜的道理。

肝是营养血的，血又营养神魂，如果肝气虚的话则胆小，肝气壮则胆大。

肝气有时会呈现不舒通的现象，称为肝气实，在这个时候，此人容易发气，所以看到火气大的人，就知道他的肝气不通顺，俗话说肝火旺就是根据这个道理。

喜乐的肺

有人主张每天大笑三声，增加健康，因为大笑的时候肺部开张。道家也是主张喜乐的，因为笑是阳明的性质，道家有一句话：“神仙无别法，只生欢喜不生愁。”

常常朗声大笑的人，大概肺部健康没有问题，如果有了口干、胸闷的感觉，就是肺气不通的现象。

喜乐固然增加了肺的健康，但是如果喜乐过度，也不是好事，那时人的魄会受到伤害，发生了突然的变化，甚至这个人的意志也会突然改变，就说他是乐极生悲吧！

如果肺有问题的话，肺属金，到了夏天火旺的季节，病情就会恶化。

爱哭的心和昏厥的肾

心是人体中很重要的器官，一个人如果有个健康的心，也许不会使人感觉到他的特异。

中医的医理，偏重于气脉的道理，如果心气太衰的话，也会造成人的悲观情绪。

如果看到一个人太过于爱笑，不要认为是乐观的表现，这是因为他的心气过于实而造成的反常状态，所以要从乐观、爱笑中分别是健康是病态，倒也不是简单的事。

另外一个重要的器官肾脏，是管经脉的作用，如果肾气太虚，易发生昏厥的现象，如果肾气太实，则五脏都呈现不安的情况。

盛怒不休的人，除了伤害自己的意志外，对于肾脏也有极重大的伤害。如果肾有了重病，腰也变硬了，病人常死于夏天，水火不能既济之故也。

意志坚强的脾

脾和胃在五行都是属土，是黄色。不要小看了脾，人的意志是否坚强是受脾的影响，如果忧愁长久，脾会受伤，意志跟着也变得薄弱起来。

脾虚的话，四肢软弱，好像用不上力一样；如果过实的话，则呈现小便不利的现象。

脾既系属土，在它受伤过深时，四肢就变成不能动弹的状况，有了这种状况，病人可能死于春，因为春天是木，木克土之故也。

脾有了问题，也会发生失眠的现象，这时候吃些黄花菜（即金针菜）烧肉就可以治疗失眠，因为黄花菜是黄色，有补养脾胃的作用。

心理影响生理

中医医理强调心理作用的重要，认为精神变化对于生理病理影响重大。所以在《养生篇》之中多着重于平时个性的修养，这些都是属于心理方面的健康，有了心理的健康，才能促进或改进生理的健康。

一个人要保持乐观，少发怒，一怒不但伤肝，又伤脾伤肾，可说伤了所有的内脏。

忧郁也是在慢性地摧伤五脏。这些都是可从平日的修养中努力改善的。

恐惧也是极端不妙的，所以从前的家庭教育中，注重不使幼儿受惊，以免生理上受损。

恐惧可伤精，可以造成脱的现象，这个“脱”字包括了大小便以及脱精。一般人常说的一句话，吓得屁滚尿流，就是脱的道理。

物极必反

研究中医实在麻烦，原因就是有关医理及经验的学说和记载没有经过系统的归纳和整理。举例几种药物如下：

川芎这味药属阴，有通筋活血之效，具有活动筋血的功用，可是生前多吃川芎的人，死后却发现此人的筋都断了。(川芎：温辛，归肝、胆、心包经，活血行气，祛风止痛。)

道家的人喜吃硫黄丸，认为有松软骨骼的功用，可是多吃硫黄丸，在他死后骨骼松了，一捏就碎。

羌活这味药属阳，可以治头痛，可是许多头痛的人，吃了羌活反而会更头痛，因为羌活是上行的。

像这些有关药物的实际记载，并未在医书中发现，而是偶然阅读宋人笔记时所看到，所以说，研究中医不简单就是这个道理。

五脏的构成影响个性

在医学的观点上，五脏的构成人与人都不是相同的，就和人心不同各如其面的道理一样。因为构成不同，而造成每人意志、个性、精神都是不同的。关于这方面，需要科学进一步的证明，现在不敢断言，仅将医学上观点介绍如后：

心脏大者，忧不能伤，易感邪气，即血循环力强，其人胆大，冲劲大，皮肤的纹理较粗。

心脏位置较高者，粗心大意，心高气傲难以进言。

心脏位置较下者，易伤于风寒，易于进言，也容易受骗。

心脏小者，易满足，易安但多忧，皮肤带赤色，皮肤纹理细。

第十三讲

何谓『河图』『洛书』
『河图』
水的问题
火的问题
木的问题
金的问题
土的问题
『河图』的五行
『洛书』
奇门遁甲
颜色的问题
肝病的解说

有许多听众朋友提出要求，希望把《易经》的“河图”“洛书”加以解说，并将河洛法则与医药的关系，能够作成图表给大家研究参考。

关于后一项，待制妥后再发表。现在先将“河图”“洛书”向大家作初步的解说。

何谓“河图”“洛书”

“河图”“洛书”是中国文化史上颇为玄妙的两个图。相传在伏羲（大禹）时代，从黄河中出来了一匹马，在这匹马的背上，有一种图案，这个图即为“河图”。

后来到了殷商的时代，在河南省的洛水，又出来了一只大龟，背上也有一种图案，称之为“洛书”。

“河图”“洛书”包括了八卦、天干地支以及阴阳。

“河图”“洛书”究竟是否确为马及龟背的图形，无从考据不得而知，但是这两个图包括了“数”，后来应用到天文地理，是在汉代以后才有的，从孔安国开始，盛于唐朝，恰如太极图一样。

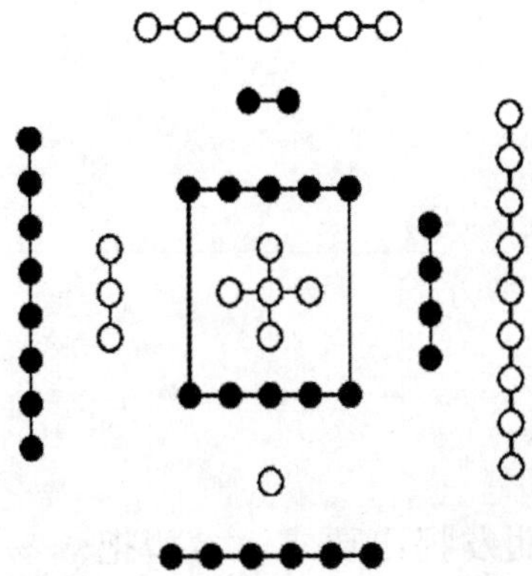

河　图

因此之故，有人认为“河图”、“洛书”及太极图，既是在唐代流行，证明是唐代的人，假托伏羲及黄帝的名义而作，至于黄河之马、洛水之龟，不过是增加其神秘性而已。

事实上，“河图”“洛书”应用在医理学上确实是很重要的。

“河图”

天一生水　地六成之

地二生火　天七成之

天三生木　地八成之

地四生金　天九成之

天五生土　地十成之

再加上方位就是：

亥子一六水（北）　寅卯三八木（东）

巳午二七火（南）　申酉四九金（西）

辰戌丑未五十土（中央）

河图是先天的代表，表示宇宙构成的成数和物质世界形成之顺序。

天道左旋，这个宇宙构成是向左旋转的。在物理世界中的太空就是天，代表了宇宙万有的功能，这个万有的功能，就是本体，有人称之为道，有人称之为上帝，有人称之为如来。

三五七九是单数，也称为阳数。二四六八十是复数，也称为阴数。

水的问题

“天一生水”，古代的文化，不论是希腊、印度、埃及以及中国，皆认为宇宙的开始是泥浆状态，是乱七八糟的液水状，经过慢慢长久的旋转，才凝结起来，而分出海洋与陆地。

在宇宙功能第一开始之际，地水火风是不分的，所谓“天一生水”，既是宇宙最原始的功能，也就是生命的功能，在河图上来看是壬水，是阳数（由小圈代表）。

在人体的系统上来说，我个人的观念认为，水的系统就是肾及荷尔蒙分泌（并非血）系统。

“地六成之”是什么呢？原来在地球物质构成后，太阳系之内有了月亮，是属于阴水，图中由六阴小黑点代表，是为阴数。所谓地六成之，也就是阴阳水火不分时的开始，像庄子所说的混沌初开，乾坤不变（未分）时期阴的代表。

火的问题

“地二生火”是什么意义呢？我们在河图上看到两个黑点，是阴的代表，在形成物质世界后，太阳有热力，是阳能，但两物摩擦而生火却是阴火，因为这个阴火的产生与太阳的动能有关，如果没有宇宙间的功能，则二物摩擦不可能生火，故而称为阴火，是属于地火。

“天七成之”则是生命能的代表，配合了《易经》的道理。

在中医医理的说法，“地二生火”是心之火，能思想的心，用而久之则上火，是火的作用，类似发炎的作用。

木的问题

“天三生木”，自天一至天三，是后天生生不已的功能，木的生发的功能正代表了后天的生生不已。在河图上，以阳数代表。

“地八成之”，有些说法认为所谓八者就是八卦。

实际上，物质世界中的八大类，包括了天、地、日、月、风、火、山、泽，都发挥着物质世界的功能，而这种功能是阴数所代表。

金的问题

“地四生金”，是代表了物质世界形成后的情况，那时地球上有海洋与陆地，有树木及高山，后来形成了矿物金属。这些金属矿物物质，都是后来所生，是用阴数来代表，在图上则以黑点来代表。

“天九成之”，九是数中最高者，象征着生发的本有功能最高之数，在河图上以九阳的圈代表着。

土的问题

“天五生土，地十成之”，在这一句中显示出五的重要性，也表现了五行的奇妙道理。

地球的构成有双重的变化，在未构成物质世界前，宇宙间的运行为五行；在地球世界构成后，仍有五行的法则，这个五代表了有中和作用的土，是后天的形成，也包括了先天的功能。所以天五是阳数，地十是阴数。

“河图”的五行

把“河图”的数字分析一下，不难发现其特性，都是与五数有关。

“天一生水，地六成之”，表示了六减一等于五。

“地二生火，天七成之”，表示了七减二等于五。

“天三生木，地八成之”，表示了八减三等于五。

“地四生金，天九成之”，表示了九减四等于五。

“天五生土，地十成之”，表示了十减五等于五。

这个数字的五，正表示了五行的意义。暂且推开河图和医理的观念不谈，亥子一六水，向左旋转就到了木，由木再生火，而后生土生金，再生水，不也是五行相生吗？

“洛书”

戴九履一　左三右七　二四为肩　六八为足　五则居中

一数坎兮二数坤
三震四巽数中分
五寄中宫六乾是
七兑八艮九离门

在“洛书”的图中，最高的数是十，对面相合都成十数，称为合十。这个“洛书”的图案，是后天的代表，是人体气化的代表，也就是后天八卦。

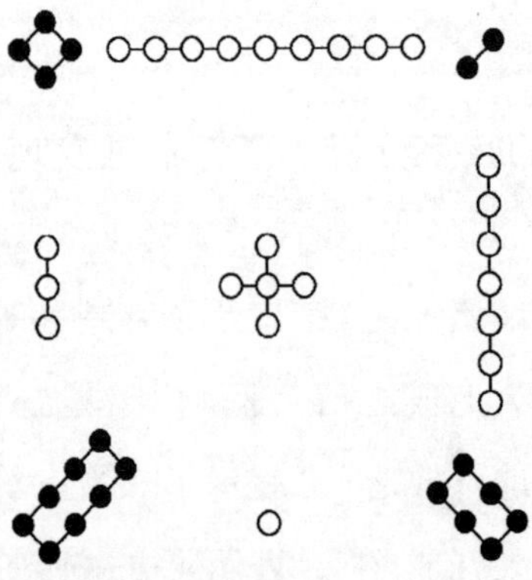

洛　书

先天是一种宇宙的形成，后天是于宇宙形成后，一种自然克制的功用。所谓的克制，就是生长继续不断时而产生的抵消和抑制，譬如水克火、金克木等等，使物质世界中的万物有了自然的均衡。

这种克制的功能，应用在医学治疗针灸的方法上颇为重要，如果要增加某一部分的功能，则须泄掉另一部分的力量，就是克制的意义，以造成均衡和调和。

奇门遁甲

所谓奇门遁甲，就是由“洛书”的九宫八卦演变出来的一套方法。

古代的部队作战方法，是摆好奇门，敌方一旦进入奇门八卦之中，绝难逃出；但是会用奇门战术者，如果被围困时，定可找出突围的地方。

奇门说八卦各有一个奇门，八门，是以天干地支计算出年月日时，再以八卦作方位的标准，可以知道哪一个门是奇门，因而突围，这就是遁甲。

八卦的方位是固定的，但奇门是活的，其中的方法和应用颇为复杂，这里所提到的只是一点简单的原则。

颜色的问题

“洛书”的图和数，同时又以颜色为代表，就是一白二黑三碧四绿五黄六白七赤八白九紫。

在这个“洛书”代表的龟背上，一白是尾，二黑是右肩，四绿是左肩。

用颜色来表达究竟有多少道理，很难下断语，最近看到一套医书，将颜色的说法，套进医的范围之用，实在有欠科学，也可以说是大可不必的牵强附会。

肝病的解说

前几讲曾谈到过五行八卦所代表的人体内脏，就是肝属木是震卦，心属火是离卦，肺属金是兑卦，肾属水是坎卦，胃属土是中间，等等。

用八卦来解释医理，必先背好六十四卦。拿震卦来说，震为雷，代表木，就是肝。有些医书将震代表心，是思虑之心，像雷一样震动的意思。

最内一爻变后，外卦震为雷，代表雷能，如果内卦为坤，代表了地，属阴，卦为雷地豫，表示一个人虽有生生之气，但心脏在发炎。

震为肝，变化出来的病有十四种，每一机能稍不协调，就足以致死，这是六十四卦的变化。

二爻变，成为雷水解，表示肾水功能是生命能的恢复，这个病也就快好了。雷后下雨，肝的功能及气化，遇坎作巽，就是功能的恢复。

凡重病将愈时，性欲有冲动的现象，表示生命能在恢复了，把握住这一点生命能不可浪费，身体就会很快复原。

当人在临命终时，也有冲动的现象，是生命能的回光返照。

卦的三爻又变，成为雷风恒，三阳在其中矣，表示一个人体内阳能充沛健康，风是气，阴上而阳下，系健康之相。

第十四讲

小偷的故事
心和宇宙的生命
眼角膜移植和心
第六意识
奇特的独影
梦和精神病
第六意识的形成
第七识
八识树根
结论

谈到中国的文化，不免就要扯到哲学的问题上，中医的医学，其哲学的基础实在是有问题的。这句话的意思并非说中医无用，中医的价值是无可否认的，但却缺乏哲学的基础。换言之，形而下的实用，与形而上的基础之间，没有连贯起来，而呈现出一段距离。关于这方面，西方的医学也有同样的缺陷。

小偷的故事

谈到哲学基础与实际的应用，我想到了一个禅宗公案的笑话，是小偷的故事：

有一个技术高明的小偷，年纪渐大，他的儿子要求他赶快传授偷盗术，他就在夜里带领儿子到一户人家中去表演。潜入屋内，打开了大柜子，他命儿子进入柜中拿东西。岂知当他儿子进柜后，他就把柜子关上并且上锁，然后又大叫：有贼啦！喊了之后他自己就跑回家睡觉了。

这时他的儿子被关在柜中，急得要死，这一家中的人听见有贼，就拿了灯来巡视，却不见贼影。那儿子在柜中急中生智就学老鼠叫，丫头听见柜中有老鼠，就打开柜门，这时儿子就出来一口吹熄了灯，夺门而逃。

待他逃回家中，就埋怨老头为何把他反锁在柜中，老头说：你不是要学偷吗？现在你已经学会了。

这是禅宗公案有名的笑话，由这则笑话看来，学理是一桩事，实用是一桩事，能够联系起来才是医学重要的工作。

目前的社会，杀人方法的进步，远超过救人的方法。所以说，如能解决了哲学的问题，对医学方面的进步贡献很大，对救人的贡献也很大，能贯通中西医学，对人类的贡献尤其大。

心和宇宙的生命

谈到心的问题，就会涉及老庄思想中的心，道家的《参同契》等，都涉及医学哲学的范围。到了唐宋时代，加上印度佛学传入后的融汇，也有心的议论。但是印度佛学传入中国后，在印度的本土已渐无佛学可言，而所谓印度的佛学，自从进入中国，与儒学、道学汇流，实际上已成为一种新的学问，变为中国的文化，这是题外之话。

佛学的唯识学中，与医学有关的理论，认为心的作用是能分别思维的，认为三界唯心万法唯识，这是绝对的唯心主义。

所谓的三界，就是欲界、色界及无色界，也就是宇宙生命的大分类。

所谓三界唯心，意思是指精神的变化就是心。再从心开始分类，共为八识。

眼角膜移植和心

八识之中的最前面五识，就是眼、耳、鼻、舌、身，其中的神经系统，皆具备识的作用。

眼睛有眼识的作用，也就是说有看的功能，但是看到一样东西之后，要借后面的分别心起作用，才能知道看见的是什么。

比如说，我们正在与一个人谈话，在我们的旁边有人经过，我们看到了，那是眼识的作用，但是我们并不知道是谁，必须由我们的内心分别意识再工作一下，才能知道看见的是什么人。相信大家都有这个经验。

这个分别心属于第六意识。

在人刚死去之时，内心的分别意识已经没有了，可是那时的眼识功能尚未死去，故而可以移植于他人的身体，配合了那个人的分别心第六意识，就又可以继续工作了。

眼识本身看的功能是随时存在着的，开眼时可以看，闭眼时同样可以看。

开眼时看到物相，闭眼时看到黑暗。

在生死的一刹那，好像电扇关了，电流已断，但电扇仍借着一点余力在转动，这继续转动的力量，就像前五识的作用一样。

第六意识

人的前五识包括了医学全部的功能，前五识与外界接触表现了它的作用后，再由第六识产生分别意识。

西洋医学的意识，即是唯识学中的第六意识。

西藏的神秘学分为两派，一派的说法认为意识是中枢脑神经作用，一派的说法认为只是间脑的作用。

但在医学生理治疗方面来说，意识与病理及治疗，却有极为密切的关系。

第六意识中的分别识，是唐代的译法，又有一种译法称为明了意识。

不要认为明了意识是很清明了解的意思，唯识学中认为，第六意识就是人类的妄想。

第六意识有时表现出明了意识的作用，有时表现出昏沉的状态（像熟睡无梦的时候），有时是以独影意识的姿态出现的。

奇特的独影

什么叫作独影意识？简单说来，就是在前五识不起作用时，第六意识所起的一种类似幻想幻觉的意识。这种独影意识，在三种情况下才会起作用，当独影意识起作用时，明了意识就不起作用。

第一是在疲劳时，人有点发愣的状况下，会有一种幻影幻想的情况，那就是独影意识的作用。

第二是在睡梦之中，又看又听又吃又闻又有感觉，实际上前五识（眼耳鼻舌身）并未行使功能，所以只是幻觉的独影意识。

第三是打坐的人，在明了意识静止，不再起作用时，独影意识反而会起作用，这些人在打坐时，闭着眼会看见耶稣或观世音，甚至听见有人呼叫的声音，俗话就称为是走火入魔的境界，说穿了不过是独影意识在起作用而已。

唯识学的观点，认为婴儿是无独影意识的（作用），事实上也可以说，这些婴儿也没有分别明了意识作用，因为给他香的臭的都一样接受，没有分别之心，直到婴儿的头顶上软的地方长好了，就开始说话，也有了分别意识及独影意识。

梦和精神病

一个人做梦时，绝不会梦见自己没有见过的事和物，他所梦到的即使不是见过的，至少也是听见过的，所以中国人梦中的地狱可能是阎罗王，而西方人梦中的地狱就是另外的境界了。

由于梦境的情形，更证明了梦就是独影意识的作用，是第六意识潜伏的作用活动起来所造成的。

当然，梦境偶尔也有连续的，偶尔也有梦见未来的事，所以按照病理学的说法，梦常是病的先声显现。

在唯识的理论中，无人无一日不做梦，只是梦一醒来马上就忘记罢了，天下只有两种人是真正无梦的：一种是上智得道的人，他们的意识随时保持清明的境界，独影意识不再会起作用了，所以无梦；另一种人是下愚之人，他们的意识本来是昏沉状态，独影意识和明了意识都不起作用，所以无梦也无醒，永远是糊里糊涂的。

如果一个人独影意识在他睡觉时起作用，那只是梦境而已，如果连他醒时也起作用，那时他似乎在白日梦中，常有幻觉，觉得有人要谋害自己，以及一切奇怪的事情，就是精神病的状态了，其实就是独影意识的作用。如果精神病好了，独影意识也就不起作用了，或者可以说，当独影意识不在睡醒时起作用，这个人的精神病就好了。

第六意识的形成

一个婴儿的个性、高矮、黑白、强弱等等，一般的说法认为是遗传，但在唯识学的论点上，这些都是其本身原来具有的，好像一颗种子一样。不过第六意识的形成，是有其本身因缘的，而遗传只是因缘中的一缘，俗称为增上缘，就像是施于种子的肥料，并非种子的本身，而形成第六意识的因缘，却像植物的种子，而非肥料。

一个人后天的教育、家庭环境等等，也是增上缘，属于肥料之类。

当一个人的意识十分坚固时，可以达到克服生理的程度，道家及神秘学派的修持原理，就是建筑在这个心能转物的原理上。

不要以为第六意识有多么的伟大，它并不是决定性的，因为第六意识的后头，还有一个根呢。

第七识

说到意识尚不难使我们了解，现在说到意识还有一个根，实在有点令人难解了。唐代把意根翻译为第七识，译音就是末那识。

这个所谓意根的第七识，究竟是个什么？实在不容易解释明白。如果勉强说出它的意义，只能称其为生命的功能。这个生命的功能，并非纯物质的功能，而是包括心物二者的功能。

这个第七识是俱生我执，是与生命俱来的，也就是说，当一个胎儿形成的一刹那，已经具备了第七识。

胎儿一开始形成，他就永远有一个“我”的存在意识，这就是所谓七识的我执，直到活到老糊涂都有，在我们这个老糊涂的明了意识已经不太明了的时候，但他的意根仍很强，我执的观念更重。

人到老的时候的“我”与早岁时的“我”并没有什么不同，但是在第六意识方面却变得很多了，成为颇为不同的观念，什么代沟啦、顽固啦都是意识所造成的。老年人多的是回忆和对从前的幻想，这就是我执。

人在临终时，前五识及六识统统丢弃了，而这个我执的七识，却造成另外心理和生理。

照这样来说，七识是一切的根本吗？

不是的，前五识好像是树的枝叶，在行使着自然界的光合作用、呼吸作用，而六识是树干的中心，七识则是树干。统而言之，它们都是一种功能，而真正地下的根却是第八识。

八识树根

从树叶说起，到树枝树干，终于找到了这个生命的根本——八识。

八识又称为阿赖耶识，是整个的宇宙，包括了物质及精神世界的整个作用。

这里所说的宇宙，并不是指天空而言。

宇宙间的万有万物，及种种变化，根本上都是八识的变化，宇宙间的万物是一体的，由于八识的变化而形成了不同。

前七识形成的现有生命，加上生命中一切情感、思想、习惯、刺激、观念等等，不断地熏蒸着八识，成为未来不同的种性。现在的行为是未来的种子，又成为未来的现行及行为思想等，这是八识带来的禀赋，造成每人心理与生理的不同。

在解剖学上来看，不可能发现八识，但八识却是每个人不同的根本。

如果将五行及医理的研究配合上八识，可能构成一套真正的医学哲学的理论。这套理论，连贯了形而下与形而上，再汇合了中西的医药技术，必会为医学界开创新天地。

结论

关于医药的应用，诸位都是专家，我所提供出来的一些意见，只是属于思想方面的问题，因为时间的匆促，也只能作一个简单的介绍。关于其他的资料很多，俟整理出来再寄给各位，如有任何问题，请随时提出研究，我能够回答的，一定知无不言，言无不尽。

太极拳与静坐

出版说明

偶翻旧文稿，看到南师怀瑾先生讲太极拳的这篇文章。当年虽曾看过，但现在再看才发现，这篇文章既高且深，可能是南师亲自撰写。中国的太极拳，早已风行全世界，近年来，国外更有医学报告，证明太极拳有缓解老年痴呆症的功效。

这篇讲记是在一九六六年，南师应邀于台湾地区立法部门第二会议厅所讲，题目是“太极拳与道功”。难得的是，在讲演的过程中，南师将自己学拳、学功、学道、学仙的多种经历，说得清清楚楚。这都是中国传统文化道家学养的内涵。现正值复兴文化之际，特印行出版，作为读者的参考。

本集另一篇是一九八七年，南师在美国时，与学子们有关静坐的问答记录。当时大多是初学的人，所以问题各式各样十分有趣。但对学习静坐而言，不论是初学或已学，南师的回答，提供了正确的观念，虽云浅显，但却是重点。现将两篇合并出版，以飨读者。

又，当年邀请南师讲演的韩振声先生，为台湾太极拳协会会长，为人幽默风趣，常以老顽童自谑。后于一九七一年曾参加南师举办的禅七活动，现将他的报告附录于后，亦一巧缘也。

刘雨虹　记

二〇一四年二月　庙港

太极拳与道功

缘　　起

太极拳协会会长韩振声先生，曾经以“太极拳与道功”这个问题来问我，所以就我个人年轻时学拳的经验，提出来与他切磋研究，我们一致以为学太极拳到最后阶段，应该走入修道的途径较为圆满。由于那次相谈得很投契，后来又应他的邀请于一九六六年十一月十一日做了此次讲演。当天报纸刊出的新闻，误以我为国术家相称，实在不是事实，只是觉得武术精神，与日俱衰，令人忧心，正如今日中国文化之亟亟待兴一样。而反观太极拳在欧美各国则日益流行，每回看到外面寄来的拳姿照片，却又不免有“橘逾淮而枳”的感慨。因而借此次讲演的机缘，贡献个人一得之见，以就教高明，并以阐述我中华文化中武艺精神内涵之一般。

一　习武经过

童　年

我自幼个性就好动，并嗜读武侠小说，刚到十二岁时即开始习练种种武艺。此前则因体弱多病而日与药物为伍，且目患近视，由于贪阅武侠小说，常私自躲在楼上书房按图瞎练，父母固不知情。因心慕飞檐走壁，自亦练学跳梁倒挂，有一天，不慎从梁上跌落到地，声震一室。家父听到巨大声响上楼察看，才知道我在偷偷习武，当时他老人家并没有对我责怪，反而聘延武师到家教我武艺，这时我才正式开始习武。

启　蒙

当时在家乡浙江乐清一带，盛行所谓的“硬拳”，与今日一般练拳情形相差不多。起初，随师习练时，固然不知道以我衰弱之躯而学此刚猛之拳是否适当，又不能分辨拳艺的优劣，每回于习拳之后有头脑昏昏之感，莫知其所以然。但以从小志慕侠客义行，所以也就勉强自己照练如仪。

访 师

其后负笈四方，人事接触渐广，以心喜武术道功，乃不计耗资，不论宗派，凡遇有一技之长的人，或具神通，或有道，或有武功，即顶礼叩拜为师。因此到二十岁前，所拜的师父，各门各派，积加起来亦多达八十余人。所学范围包括南宗、北派，长拳、短打，乃至十八般武器，至少亦习弄过十四件左右。外加蒙古摔跤、西洋搏击等，真可谓："样样统摸，般般皆弄。"

比 赛

有一次，中央国术馆张之江先生，于杭州国术馆主办全省性国术比赛，我亦参与其盛，以姿势优异而获冠军。抗战前，各县市普设国术馆，都有专人负责，武风维扬，盛极一时。然我私自反省所习武艺实未精到，各路各派，亦不过略窥其门径而已，乃决心继续寻师访道，亲近高明。

二　访道经过

剑　仙

当时听到杭州城隍山上有一老道，传说是清王室公子出家者，这位老道须眉皓白，童颜鹤发，神采奕奕，据传已成剑仙；得此消息，心中万分兴奋，即行前往拜谒，数次都未得见面（想起当时访师求道之诚恳，见面即跪，而今日朋辈相访，谈玄说道等，甚或有人还以此过访谈道为对主人的一种施惠，算是看得起对方，今非昔比，想来颇多感慨）。听说这位道长当时逢人来求皆推称不会剑术，若欲习画，他则教人画梅。几番周折后，我终于见到了他，即向他再三恳求学剑，只学此项，不求其他。因为我意诚心坚，终于获得进一步约谈。

他见面一开头就问："曾习何剑?"我答："学过青萍、奇门等等。"于是道长即命我当场试练所习。我练了一阵以后，他批评说："这真的只是儿戏，不可再练，徒费光阴，还是以读书为好。"又接着说："你所听说一些小说书上说的白光一道，口吐飞剑，这类的话，在世界上并无其事。剑仙虽有，但并非小说上所描述的那样，今天你暂且试练一下，每天晚上把门窗紧闭，房间内不点灯，使内室漆黑，仅点香一支，尝试用剑劈开香头，手腕着力，而臂膀不动，等练到一剑迅下，香成两半时，才进入第一阶段。第二步再把豆子掷向空中，用剑在空中劈豆子成两半，功夫能练到这里，再来见我，再为你解说剑路。”

当时听了以后，心想这实在太难了，虽然心知天下无难事，这样练剑，也不是不可为，但因当时立志学文兼学武，俾能经世济时，而诸事分心，惟恐心不专一则反而一事无成。鱼与熊掌，不可得兼，遂作罢。放弃做剑仙，然而对于学拳仍旧勤劳，每日凌晨三时，必起床练拳，两三小时后，再沐浴更衣。当年杭州西湖一带武师甚多，我亦朝夕浸润其间，跃马佩剑，臂缚铁环，腿绑铁砖，也相近于那时的“太保学生”了（一笑）。以后访遇僧道甚多，皆各有专长，然所说与城隍山老道大抵相同。总之，我在那段学拳时期，练习武功，可以说从来没有间断过一天。

入 川

抗战前二三月，我即只身入川，其后一些朋友也随政府辗转来到了四川陪都，相遇时都说我有先见之明，固不知道我想到峨眉学剑的心愿。记得那时一路访道，到汉口时，曾遇到两位异人，一道一俗，道者红光满面，俗者跛其一足，手中均捻弄铁弹，笑容蔼然。我竟不觉尾随其后，自黄鹤楼前绕到后山，他两人一直走也不稍回头。翻山越岭，直到下坡时，才回头问我：“奇怪！年轻人你跟我们到这里干什么？”我本想把访师求道的心意告诉他，忽然感觉到天下骗子甚多，倘若在湖北只身遇骗，那就麻烦了，于是说是游山。他们又问我将往何处去，我说打算到四川，道人仔细看了我一回，然后说："好的！你应该入川，我们后会有期，但是今天你不要再跟着我们了。"他并留了以后见面的地址给我，就此分别。至今回忆起来，该二人神态举止都很奇异，令人回味无穷。后入川，遍访青城、峨眉仙佛观寺，一路亦未中断。

遇 异

四川名胜鹄鸣山，为东汉期间道教祖师张道陵隐居之地，山上住有一位名号王青风的道士，是四川境内传说的剑仙，我曾经上山寻访他，多次以后，终于见到面，他亦是一位奇人异士。他说：并无飞剑这种事，但剑仙却是有的。然而他的说法又与杭州城隍山老道所说稍有不同。他说剑为一种"气功"，所谓以神御气，以气御剑，百步之外可以御敌。又说剑有五类，大区别为有形、无形。他知道我羡慕"金光一道"的剑术时，告诉我需铸备一寸三分长金质小剑，再以道家方法习练。一如道家炼丹之法，可将黄金炼化成液体，并可服饮，若中了毒，道家并有解此毒的药。当时私自想到，现在到了科学昌明，枪炮及炸弹等威力无比的利器时代，还去苦练这种剑术干什么？如果是为了强身，则个人已经知道的许多方法，就足以保健，何必浪费时间在这方面。就因这样想法，意志始终未能专精坚持而放弃了。

后来请王青风老师表演，那时我们彼此之间的感情已经很深厚，所以他就特允了我的请求。一次他站在山头上，用手一指，数丈外对面山峰上的一棵老松即应手而倒。我童心未泯，尚惊讶地问他何以无光。他说："我早已经告诉过你并无此事，欲练至有光，另有一番道理。"

这时他的大弟子亦在旁边，这个人也是道士装束，我亦请他表演，但见他用鼻孔吼气，便看到他站立之处，周遭山土转即成尘飞扬。这两次表演都是我亲眼目睹的事实，由此而相信中国武术，的确可练至甚高甚妙境界。此其一。

第二位所遇到的异人，在四川自流井，是由"厚黑学"闻名之李宗吾先生所引介。李公学问、见识广博，道德亦高，世所罕见，其所著的《厚黑学》，如其所说："拨开黑的，让人见到真正的。"旨在讽世。我在自流井遇到他的时候，就说在附近赵家仑乡下，有一位八十多岁的老先生，是得到武当内家武功的真传，轻功已经到了"踏雪无痕"的境界，如果随他学习，只需三年的时间便可有成就。因为这位老人的师父籍贯浙江，所以亦欲授一浙籍弟子以报师恩。知道我是浙江人，故愿为引介。

于是我们坐"滑竿"下乡去拜访，相谈之下，连称"有缘"。老人见我对于飞檐走壁之事，心存怀疑，不大相信，他洒然一笑之后，即疾行一里多路，又快步走回来。这时刚好新雨初晴，地上泥泞，老人脚上穿的一双白底新靴，一趟回来后，鞋底一点也没有被泥染污，而且他在起步时，未见拿架作势，洒然来去自如。他又问："欲见走壁的身手否？"随即见他张臂贴壁，亦未有任何架势，人已离地拔高，笑说："你现在相信吧！亦愿学否？"并称说学这些功夫只有七十二诀，归纳成七十二字，一字一诀，一字一姿势，循序渐进，无需广场，仅楼阁之上，即敷应用，若愿住三年，即可示教。我当时考虑再三，复因恐怕自己志趣不专，弄得百事无成，故只得婉辞。后来一路代觅可传的人，却没有找到，至今心中仍挂念遗憾。

弃拳学禅

后来到了成都，遇到一位河南籍拳师，教我“十三大法”，就是太极拳衍变的十三架式，不刚不柔，然而每一个动作，招招可以致人死命。顿时感觉到倘使学这套拳的人没有道德修养，动辄要人性命，如何了得！所以从此弃拳不学，专志学禅，在峨眉闭关三年，一直与拳绝缘。

太极拳种式颇多，陈家太极以及杨家太极都曾习练，到现在还能勉强记忆的是杨家拳之姿势，若演练全套，则因荒疏已久，颇有勉强之感。我对拳术，一搁就是二三十年，既不练习又不与人较量，可说一生从来未曾施用过，且越到后来越怕动手，愈厌习武。战国法家韩非子之名言：“儒以文乱法，侠以武犯禁。”文人自古相轻，武人从来不服输。好勇斗狠，粗暴骁勇，有时令人难忍，因此以后与习武朋友也就渐渐地疏远了。

武功的根源，首当追溯我国五千年前深远博大的文化。古人造字，止戈为武，即已阐明武的原理。武功的目的是以武制乱，以求“和平”。后世学武，反而更滋生事端，学文亦是如此，这也是使我弃武学禅之主要动机。以上是我学武的经过，同时亦足以证明我并非所谓的国术家。

三　漫谈练气与武功

各报章杂志近年以来，刊载了不少研讨太极拳等武功的文章，而其说法也颇不一样。有的说少林拳系达摩祖师所传，太极拳为张三丰祖师所创。如果就武功的一般学理上去加以研究，在这方面的是非，并无多大价值，不必多加争论。事实上中国的武功，溯其渊源，早自先民之初，人类原始生活中，即已粗具模式。所谓人与天争，人与兽争，人与人及人与环境相互争斗的生活演变中，就是武功产生之源。

渊源流变

春秋战国时，中国武功已经很盛，如前所述武功的进展，跟时代、经济、文化等等时空背景有极密切的关联。春秋时代，各国相互征伐，战争用车用马，崇尚车战、马战，而步战却很少。汉以后车战已然绝迹，只盛行马战。再往后，武功才真正发展到由人手拿大刀、长枪作战。原始作战，取材简易，故兵器中，棍称“百兵之王”。以后在前端套一利器，演变成长枪、大刀等等。因之又转以枪为“百兵之王”，而称剑为“百兵之贼”。因为用剑对敌全赖巧劲，亦近于取巧。从人类文化在这方面的演变，就可看到武功进展的轨迹了。

迨至两汉以后，兵器已由棍棒发展到长枪、大刀，此亦时代之趋势使然。而作战时采用短兵相接，乃唐宋以后之事。较早在南北朝梁武帝时，达摩祖师自印度来到中国，息隐专修于少林寺，直传心法，尊为禅宗之初祖。而他在当时曾否谈及武功方面的事，现在已然无法考据。凡找不到证据的，难免有被后世的人假托附会的嫌疑。佛教早盛于印度，然在印度先于佛教的宗教还有婆罗门教；打坐行功方面，则有瑜伽，讲究练气修脉。印度之原始文化与中国道家修炼上更有异曲同工之妙，而达摩祖师来自印度，当亦可能精于这类武术。

至于瑜伽之练气练脉，动作极为简易，只有几个基本扼要的动作，明白了以后即会做，但是易学而难精。如果与中国道家的功夫比较，道家的功夫演而化之，仅呼吸一法，即可分三百九十多种，瑜伽则可分类成数十种。一般人认为达摩祖师来到中国后，冶瑜伽、道家于一炉，融会贯通而传下少林武术。如传说中或许可能有此一举，但这只是强健养生之道，并未涉及禅的内容。而纵观少林一门诸多武术的创始来源，有的类同中国古代失意的士人，遁世出家，或入于佛，或入于道。有的是触犯法令的人，出家之后，政府则不加深究，可获逭责。总之，出家人中，鱼龙混杂，良莠不齐，有江洋大盗，亦有百战将军，纷纷退隐佛寺道观之中，闲来无事，舒展拳脚，授徒开班，于是逐渐形成少林门风，亦并非不可能，故不必视后来少林的诸般拳术，尽是创自达摩祖师一人。

内 家

如一般所谓的“内功拳”，历来的说法亦是传自少林。我国武术的内外之别，武术上有两句成语。所谓“内练一口气，外练筋骨皮”，可说是言简意赅的说明，如南宗的白鹤拳，即是内家（内功拳）的一例。这是武当拳术，根据少林的演变，而衍成南宗诸拳，南宗即“内练一口气”，亦即练气，动作不能粗猛，这也是渐渐演变而来，不是一开始就成型的。

鼻祖何人

张三丰这个人，史上记载未详，且有矛盾，究竟有无其人？近世考据学家，颇为怀疑，但据我的研究应该是确有其人，且为道家。因为历代作史书的人，多为儒家，儒家的习性往往排斥释道两家人物，尤其在武术上有成就的人。或许因此在历史上就起了争论，也未可知。然而张三丰究竟是不是太极拳的创作者，则不必多言，试观历代道家有一种倾向，如老子所说：“功成、名遂、身退，天之道。”从不爱为人知，不喜出名。不像西洋人，一有所得，即急于发表而公诸社会，或造福大众，或为利己。中国人的习性则相反，学养愈深，武功愈高，即隐姓埋名，隐迹山林，不愿为人所知。这种对于“名”或“利”的不同观念，正可诠释中西文化的根本差别，在中国文化中以道家最为明显。明白了这个关键，也就可了解无由考证太极拳是否张三丰所授、少林拳是否为达摩祖师所传的道理。另者，明朝永乐以后，少林寺成为一大丛林，张三丰则为明代道教新兴革命的一派，当时天下的各路流派，都归向他，拳术内功，有一得之长的，咸归功于张三丰，就像今日的种种创见，皆引证蒋介石言论，天下之名也都归之于蒋介石相似。所以如今欲寻流穷源，追究根由，恐亦难获结论，徒耗精力而已。

长 拳

少林与武当两派有什么不同呢？最基本上是因南北地理环境迥异及生活方式不同而来。北方多陆地，北人善骑马步行；南方多河川，南人好驾舟游泳，由于人文、地理环境的差别，于是影响武术的形态也有所不同。以我个人所知的经验，少林多大架势，长拳远打，大开大合，正如北方的文化特质一样。北方黄土平原，地多泥沙，我曾经见过北方有一种练腿术，一步一跨，大步踢腿，练功夫走路，都要踢脚而行。原是因为争斗一旦落败时，必夺路而走，此时把泥沙踢起则烟尘滚滚，犹如现代战争中的放烟幕弹一样。

短 打

而南方拳也因地理环境不同，多在船上施展，所以注重于短打。好像在广东，就流行一种“船夫拳”，实际即是少林五种拳中之龙形拳的综合。练时两腿下蹲，死死板板。盖在明朝时代，倭寇骚扰我国海疆，我国训练船卒，以御倭寇（北拳则为在陆地上使用的武术，陆地平稳，但波船动荡，不宜使用)，得先拿稳身桩，才免受海浪摆动颠簸。所以就另创招式，如此渐渐形成闽粤间短打之风尚。天下万事，其最早的源头都非常相近，而流行到后来，则因地域及时代有所不同而因应演变成不同形态。因之武术修炼实不必有什么门户之见，倘使徒作门户优劣意气之争，那实在是可悲又复可怜的事。

因 人

武术的发展，除了时间、空间的影响外，个人体形、禀赋，更是重大因素。太极拳之所以能够盛行，为一般大众接受，无外男女老幼欲求健康长寿之道，都可借此活动筋骨。亦因这个原因，男女老幼都练，于是拳势越来越柔化。时至今日，青年人打拳，姑且说句笑话，可以说是在跳中国之芭蕾，甚至真的有配以音乐节拍来练的人，足见时代在变，文化也在随时变易中。

《易经》与太极拳

一般文人学士，因为体弱多病，而去练太极拳以强身，本来是很好很适当的事，奈何文人好事，又创立太极拳是来自《易经》的说法，牵扯到阴阳八卦上面去。太极拳到底与《易经》之配合如何？大家可任意去信从，但无多大实质的关系，如欲以手形分成阴阳，配合两仪，即以手背为阳，手心为阴等等，似嫌理论空洞。“太极”的名称，并未见载于《易经》本文，而这名称的出现，至少也是宋朝以后的事，因为“易经太极”之说，是宋朝理学家所倡，唐以前没有。而太极一名，最早为道家人士所提出，宋理学家便假借太极，作他们学说的根本依据，进而以阴阳、八卦阐扬他们的学说。故“太极拳”的名称，也应该是宋朝以后之事，这是不会有错误的。倘说张三丰创造了太极拳，并无不可，但将那些《易经》理论上之事，加之于太极拳则不免多余。《易》原为群经之首，放诸四海皆准，而弥纶天地之道，博大精深，永无止境。但若牵强，将精力虚掷在研究其与拳术的关系上，似有偏离武功实际之嫌。

高矮桩

太极拳尚有高桩矮桩之别，但练拳目的若在强身，则高、矮不必在意。反正筋骨做活动，终强过不动，高矮任各人自便，不必强争何者为优为劣。若执着高桩神，或矮桩妙，方可以长生不老，则古往练太极拳的人不知凡几，到如今都已一抔黄土，还有什么高桩、矮桩之争呢?

由浅入深

总之，做任何学问都一样，无论是打坐、修道、学佛、参禅、做内功，先不必好高骛远，奢谈高深理论，成仙成佛都暂不必谈，但修养到在世无病无痛，死时干净利落，一不累己，二不累人，这已是不易，且慢奢望成仙作佛。学太极拳亦然，应该有这样的观念，实事求是，从基本上做起。

时 地

关于“道功”方面的事，很多人一清早就起床练太极拳，这在台湾也许是一件危险的事，我们知道中年以上之人，在台湾有四种难治之症：高血压、心脏病、哮喘症、关节炎。这四种病，在台很难根治，如果去易地疗养，如至美、日、韩，气候不同或可能有帮助。在台何以难治呢？试以拭擦铜器为例，在大陆拭擦一次，光亮耀眼，可维持两个月不变黯，然在台湾则拭擦的隔天，即开始黯淡。又曾经以洗油管的方法，问一汽车驾驶员，在台湾与在大陆有何不同。他说大不相同，在大陆用水一冲即可，在台则需钢刷刮洗，再三清除始可，他亦不明所以。实则，台湾宝岛，一如大海中一叶扁舟，空气内含海水蒸发的水汽，一如澡堂中弥漫水汽，湿度大而又多盐分。试想：处在这样的水汽中，早起练拳，练深呼吸，怎么会更好呢？怎么可以呢？在高山上海拔高处还可以，在平地沿海的地区行之，未必能健康延年，反而容易致病，真有未蒙其利，先受其害之感。这是我个人之看法，以及经过种种实验研究后的结论。

台湾的气候，因为经纬度不同，所受太阳之放射强弱亦与大陆两样，因此在台湾习拳，就不需要太早起，深呼吸也不必太猛烈，除非气功真练到家，可以不在乎这些（因练好气功的人，在呼吸时，全身毛孔能配合适应）。否则，用一般老方法在台湾做深呼吸，应该加以修正才好。这是我四十年观察实验所得，大致或许不差，尤其在台有习拳，或打坐，或练内功，或练气功，或练太极拳，久了而得病的人，更要特别注意这点。

练 气

其次，练太极拳有方法问题，也是一项事实，无论学道家或佛家打坐，曾经打坐过的人，就可体会到身体内有气机。道家的理论，说人身为一小天地，这不是虚言，这就涉及“练气”。无论是印度之瑜伽，中国之道家气功，皆以鼻练气。世上最好之药物，就是自己做气功，而且鼻器官为自己所有，空气也不必花钱去买。可惜的是，在千人之中有九百九十九人，对于练气之功，不肯持之以恒去学，到了年迈力衰，百病丛生，也就真使人爱莫能助了。

任运自然

如果持之以恒，气功练久了，就可知道使人健康长寿的，并不是对外界呼吸空气的功效，乃是因此促动自身生命本能的动力，这好像是可燃之物不能自燃，还需要假借引火的东西或方法去点燃它，我们练气功做呼吸亦是此理。中国道家所说的“气”，一如今日科学所说的“能”，不是较低层次的“电”。以气功的方法做练习，久而久之就自己会感受到气机的发动，而且亦有一定之轨道可循。大家常常谈论关于打通任督二脉的事，有的或者是受了一些小说渲染的影响，也跟着去做。其实任督脉不可用意去打通，应该在静坐时，万缘放下，将个人心中种种思想观念越摆得开，越能通之于自然，这是所谓气功修炼的基本要点。

一般静坐打拳的人，多用观念去通，结果是欲速而不达。有一个很好的譬喻，以车轮的转动来比喻气机的转动，如果把一个车轮离地架空起来，放松刹车，这时车轮不着于地，也不着于他物，只需轻轻一拨，即能灵活运转，轻快无滞。倘使内用刹车掣住，外有砖物挡住，欲其转动则非常之难。我们身体内的气机时时都在运行，人只要还有一口气在，尚未死亡之前，就本其轨道在运转。可惜的是，大家因忙于外物的纷繁，不能精思反察于内，悟到这个原理。试看一个人于疲惫时，渴望歇息，一经休息，气机即借此循轨道而运行，疲劳尽去，精力恢复。打坐亦可看作在半睡眠状态，在不醒不寐中，至少可了解到，这种状况能减少生命力的耗损，而延长使用生命力的期限，也就是得到延年益寿的效果。但这并不是得之于外来的增添，而是本身内在原有的力量，获得引力而生发，循其轨道，行健自强不息之故。所以任督二脉的气机，务使通畅无滞为第一要点。

一般都知道任督二脉须打通，何以又不易打通呢？原因有多种，但大多数是因在打拳打坐时，脑海中存一欲打通任督二脉的念头。此一念头，就无异于掣动身内气机的刹车，使气机停滞于内，或又因外缘的纷扰，使停滞于外。既住于内，又住于外，必致其阻碍涩滞，故亦有打拳、打坐、练气功，致红光满面者。大家要特别注意，这种红光满面并不是好现象，很可能是气血上滞，易致脑充血而致命，更莫错以为这是无疾而终，而外行人误会称誉之为“有道之士”。其实真正气机通了，并非红光满面，中国人是黄皮肤，应是黄光满面才对。但非黄疸病之黄，这也要分别清楚。

风摆梅花

前面说过，拳术有高桩、矮桩之别，其实先不必泥执高桩或矮桩，功夫到时自然都会。目前有很多老年人以练拳作为促进健康的休闲活动，现在贡献大家太极拳之一项基本动作，亦就是内功的“摇”。什么是摇？即人站直，两足并紧，全身没有任何一处着力，四肢百骸都放松随之轻摇，身如老树迎风，就是台风来也不着意，随之而摇，身体逆动，这叫作“风摆梅花”，名字极富诗意。摇之久，可将身内气机摇通，老年人练它，功效不减于太极拳，更可能比太极拳还要“太极”。

因人施法

仅以练气为例，同样是以鼻孔呼吸，但仔细分析下来，其方法有三百九十几种之多，印度的瑜伽练气有多种方法，究竟是用鼻或用口、吸时是否缩小腹等等，当因人而异。所有方法可以说都对，只是学的人各有禀赋，而应该重择慎用，像年轻健全的人与体衰病弱的人，其锻炼的方法固应不同，如果用错了，反而会缩短寿命。

这是应当深切了解及遵守的，学佛或学道，都应一律视为禁戒。如道家有的讲究守窍功夫，所谓上丹田、中丹田、下丹田，就宜依各人自己体质而行，不可盲练。假使高血压者去守上丹田，或守两眉间的一窍，那么就将促其早日“归天”。又妇女如果守下丹田，久之则易酿成血崩等病害。故所有法门皆应因人施设，不可一概而论，这是基本原则！

气机行道

其次，我们人类的躯体，大约可以在概念上分为上下两截的结构，横膈膜位于中间，为上下的分隔。道家画神仙，往往身背葫芦，象征人体有上下两部。譬喻人身的气机分为上下两截，道家称阴阳。印度瑜珈又有上行炁、下行炁、中行炁、左行炁、右行炁等五种行炁。以中国阴阳学说看来，则相当于五行，又分前朱雀、后玄武、左青龙、右白虎、中央螣蛇勾陈，种种玄论，无非引证人体气机之流行有五个道路。

死理学

说了半天，或有人问：“气机究竟为何物？人身上究竟有无气机？”有些精通西方现代医学的医生朋友曾来研究，现代西方医学不信佛道丹田之说，他们依据西方解剖学上的知识，并未在人体解剖上见到丹田这一物质器官，因而否认有丹田的存在。西方科学实证方法自有其求真求实的独到之处，但科学随时在进步，也随时在推翻以前的结论，我们亦不可随便认定他们实验的结论都是对的。现在的中国人有一种时髦病，就是“科学迷信”，或可称作“迷信科学”，这种迷信有时比任何事物都难破除。我们应该知道，西方科学的解剖，是以死人为施行手术的对象，而“丹田”这个东西，要在人的生命活着时，才会有气机作用，人一旦死亡，生命功能停止，即失去此作用。所以他们所谓之生理学，客观看来，实在只能称为“死”理学而已。但许多人心甘情愿，宁可相信科学唯物的暂时推论，而不相信有功能可见的丹田，岂不是迷信科学吗！

活解求穴

况且中国在古代已有解剖，而且是解剖活人。有史迹可考的汉王莽，就曾集全国太医、尚方以及巧屠，共同活解死囚，在当时已能探知人身三百多穴道。人体三百六十余穴中，仅有一二十个穴道尚未能确定，因为当时这些医师，对于这种惨状，目不忍睹而未竟功。后来到元初，宰相耶律楚材是个博通道家、佛家以及天文、地理等多种学问的人，他曾经在战场上将垂死的人作气脉的研究，而将三百六十四穴全部确定，乃依据所得的结果铸成穴道铜人二座，将穴道表现在铜人身上，详细备至。该二铜人经历明清二代传至民国时，仅余一个，我曾在自流井看到过，东瀛日本曾有相当研究，近年台湾也已有仿制。

气机天然

人身气机，乃自然之流通，一如地下水亦有必然之水路，每一水路各自形成一轨道。试将一杯水，倾倒在桌面，即可见到这水向四下散流，而水的流向自会循一定的路线。人身内的气路亦是一样的，各有轨道，各有自己的路线，我们不必用自己意念去另辟道路。中国医经中曾讲到过十四经脉，习静坐而坐久后有所成的人，自能体会得到，果真经脉已通之人，不必使用意念去驾驭，他的气机会自然流行，于十四经脉自行流注。有时在不知不觉间，气机自己起了动静功能，不是我们所能控制的。在气机的动象中，发现太极拳的原理，太极拳动的原理，就是自身中十四经脉气机动的原理，且循其轨道运行。故太极拳亦可视为“练气”之功，久之可以练至“胎息”的境界。而普通人身体上下为两截，相隔不通，呼吸仅及胸腔，久练太极拳，呼吸渐渐可达丹田。

生命力之衰

中国道家、印度瑜伽，或密宗的理论，都会谈到人类关于“死”的问题。无论男女，每个人的死亡，都是自脚部开始的。道家深明此理，故训练“息息归踵”，所谓“真人之息以踵”，一般解释“踵”为足心的“涌泉穴”。试观婴儿躺在床上自玩，经常是活动他的双脚，而双手反而很少活动。后来渐渐长大，仍然爱跑、爱跳，双脚好动，中年后一变，却爱坐喜静，反而讨厌年少好动的人。殊不知人到中年，活力已消减，下身等于半死状态了，所以倦于活动。再看老年人，坐时更喜将两腿跷起高放在桌上，才觉舒服，这表明下部生命力已大衰，两脚易冷，老态呈现出来了。若老年人能脚底发烫，脚下有力，则是长寿的征兆。又看胎儿的呼吸用脐，丹田在动，婴儿呼吸虽用口鼻，而丹田仍自然在动。到了中年老年，丹田的动无力而静止，改变位置，上缩至腹至胸，再至喉至鼻，最后一口气不续，呜呼哀哉……就此报销。可见生命力之衰亡，是由下而渐往上，逐步衰竭。我们做气机功夫或练太极拳功夫，要“气沉丹田”，使气机畅运无滞为要，这是健康之道。然而应该用何法下手，则须看各人的资质而定，不能一概而论。

四 太极拳法要简介

姿势务准

现在再转入本题——“太极拳与道功”。但须再声明我不是国术家，对拳脚一项，已根本搁弃，日常亦惟静养打坐而已。现在仅就往昔所得的体验，作一概述。练太极拳，姿势很重要，若姿势不准，则效果不显著，对强身如此，对防身亦然。但倘使外家拳姿势练得好，学少林拳亦一定准，若从二十岁左右开始练拳，则对“高桩”“矮桩”不必太专，越专越吃力，受不了如许苦楚。

回忆当年练拳时，对于每一个姿势，一摆即半小时至两小时，且用一面大镜，照着矫正身形，身形正确后，再配合气机来练。太极拳有杨家、陈家、吴家等，达七八家之多，无论练哪一家的拳法，姿势务求正确，太极道理，浑身各部都在画一个圆圈。譬如一个姿势出手，自足跟沿膝盖，达肩膀到手腕直至指端，每一关节都在活动，轻微地画圈，势正圈圆，配合人体生理方面的自然形态，自必事半功倍。

一般杨家太极拳流行最盛，因为当年在北京学习太极拳的人，多半是朝廷中的王公大臣，所谓士大夫阶级，自然这些人都已届中年以上，一如今日许多上了年纪的人，深觉体衰之可怕，为了强身健骨，增进健康而锻炼身体，就学太极拳，只是轻摸慢转活动筋骨而已。于是在练时，便随兴之所至，做得大致形似，即自以为可以了。后世不明白这种情形，对于姿势务求正确这一要项，反而都忽略掉了。

五 空

其次，学太极要五空，第一要心空，思想要空。初练时固然必须费神记忆，但练久后则熟能生巧，自然可以练来不假思索，如老子所说："人法地，地法天，天法道，道法自然。"心空自然，体内生理机能就自然发动。再要手空，两手心空松，太极拳出手姿势，无论阴手阳手，要像夹一个皮球在手中一样，手指亦须在动，两手必须要空。其次要脚空，两脚心要空松，南方拳如前所说，是为了方便在船上作战，不像在北方平原的马上功夫。试把地球当作船，人在船上受摇动，必足跟与前掌之间拱起，足心空出，则足心的涌泉穴不受阻塞，气机自易流出。以上为五空的道理（两手两脚和心）。

复次，学太极拳最重要在"神"，即道家说的"精""气""神"，所谓"炼精化气，炼气化神，炼神还虚"，极为重要。一般练太极拳不得要领的人，多没有注意到"神"的重要。姿势准确后，双目应注视向手的前方，神就投射到了，无论为了强身或防卫退敌而练拳，如不炼好精、气、神，效果是不会显著的。太极拳每一神态都异常重要，姿势准确，气机配合，五空做到，精气神自然糅合，这样练去，必得益处。对于呼吸，任其自然，不必加以导引，导引则心不易空，且道家的真正导引，亦并非如此解说的。

气何所之

或问呼吸进入后，是否应注入丹田，或灌至某处。这一点在前面已经用车轮加刹车的譬喻说过，气机刹住，反而不能到达。现在再作一个有趣的譬喻：试想人体皮囊，就像一个气球，我们将空气灌入气囊后，要让他停住在囊中的某一点不动，试问：可以做得到吗？行得通吗？只要如以前所说的要点去练习，一切合度，那么气从鼻腔进入后，自然运行灌注全身，岂有停住丹田之理？且亦停留不住，所以不要妄立名辞，妄加解释。当年老师教导时只说出气可用口呼出，在呼出时嘴唇撮起，如吹箫的样子比较好；进气时闭口用鼻孔吸入，至于气至何处，可以不问，因会自然全身灌注。人身每一部分，每一细胞都需要气，没气就死亡。所以气无法停留丹田，而且所谓停在丹田间又有何好处呢？大家不妨再参参看！

人到了中年以上，即不再练少林拳，而转做达摩功，改修静坐，这亦是必然的事。至于内功，宜采用道家或佛家的方法，姑且不谈，反正都走静坐的大路，倘使到了四十岁以上，还踢踢蹦蹦，久了或者反而发生弊病。众生是可悲的，人类思想力最充沛的时候是在五十岁左右，这时也就是思想智慧达到最高峰的时节（体力充沛则在四十多岁）。可是一如苹果在树，刚一成熟，即刻自然落地，走向下坡路了。所以佛家看众生是可悲的，生命无常短暂。不分东方人或西方人，于内功、医药，用尽方法想把生命拉长，多活几年，到头来亦是枉然。永远长生不死，实不可能。但能活时健康快乐，临去时干净利落，已是了了人生一大快事。你说是吗？

关于中西拳术比较的问题，依据统计，西方运动家能活七十岁的，寥寥无几，他们到了六十多岁大都死去，足见激烈运动之不宜。而中国拳术家多半能享寿八九十岁。其中，亦还有更细微的进一步分别，比如学少林拳而能享年百岁者就很少，除非他在中年后改学静坐，而放弃拳术。另外有一种学太极拳者亦配合学习静坐。至于改练静坐功夫后，对于拳功是否会全废呢？

答案是“非但丝毫不会因此荒废，拳术反而因此更有进境”，所抛开的，只是技击之术。而身内气质之变化，使一身更加柔化，皮肤更加细嫩，病痛也逐渐消失，甚而身上多处像婴儿一般，一切自然而然。太极拳之原理，在杨家太极拳某著作中，曾引用老子的话：“专气致柔，能婴儿乎？”近乎如此。所以练太极拳到后来的阶段，应该走上内功的路才好。等到进入内功的境界，再体验其姿势，自然准确，可以从心所欲不逾矩了。

处处太极

偶然看到时下一般年轻人练太极拳，对于掤、履、挤、按，任一动作，比如“掤”，看他们连“掤”的圆都未掤好，这是不对的。譬如这一姿势是太极，第二姿势进入时将手拉开，恰为一圆，既不扁亦不方，一路行去，要在在处处是圆，连绵不绝才是。

太极拳讲究“移步”，所谓举步轻如灵猫捕鼠，踏足重如泰山，阴阳虚实要分明，且步伐移时脚亦在动，而脚的姿势亦是太极，若欲配合《易经》之理，处处一太极，移形换步，都能自自然然地太极化了。

腰的运动

太极拳主要的重点，还有腰的运动，即注重身体下半截的生命力，道家讲任督两脉是人体的主要生命腺，尤以督脉为阳，自后脑脑下垂体区延伸，到下面颈项部位，开始分支散为二支经脉于脊椎两侧，至腰下尾闾又合而为一，至会阴复再分支，行于两足，下达足底。故练拳的人，久久练至两腿足筋越练越柔，则自然长寿。一般人年纪越老，因体内石灰质增加，胶质减少，经络萎缩，两腿愈来愈蜷缩，走路老态龙钟，连头颈都没有弹性，倦态毕露。

练拳的人，则锻炼筋骨，使之柔韧，隐伏有病痛的部位，亦可由麻木而渐知酸痛，而渐复正常。练拳打坐能知觉腰酸背痛，亦是好现象的开始，以后即恢复自然，萎缩的筋脉亦拉长，每拉长一分，即有年轻一岁左右之妙用，当然这是假说的数字。总之，这时的练拳静坐乃利用本身的潜在能量，使其发挥，而成为一种静定功夫充沛含藏之方法。

动中求静

太极拳系求静，非求动，更实际地说，是于动中求静。现在再作进一步说明，当人在静时，心内思想反而繁乱，此是大家所曾体认过的，一般人最怕寂寞，因为思想无所寄托，老年人最怕孤独，感到人生没有依恃的悲哀。但是对于学儒、学佛、学道的人而言，寂寞乃一种享受，故能甘于寂寞，乐于清静。这是对静坐已入高深境界的人而言，亦只有少数修养高深的人能达到的境界。

而生理的本能生命的力量，即在此清静寂寞中发动，老子说："万物芸芸，各复归其根，归根曰静，是谓复命。"这是一切静坐参禅的入静境界。然此静的境界，得来不易。武术是人体在运动，不过虽是外动而内心反易得静，以此求静境，也同样得到殊途同归的妙用，利用这个动静相应的道理而发明了武术。当人身体在劳动时，思绪反而不会紊乱，亦即有所寄托，若身体不活动，无所事事，呆然不动，则反比死还难受，要不胡思妄想，亦不可得，孔子有书："小人闲居为不善。"足见人心理生理之本能，自然有其相互关联互动影响的作用。

太极拳之原理也是如此，打太极拳是在动，由动中的体力劳动，进而渐渐达到内心清净的境界。所以我经常以孟子的话来譬喻拳术的道理。孟子说："天将降大任于是人也，必先苦其心志，劳其筋骨，饿其体肤，空乏其身……"学拳的人，无论南宗北派，都在劳其筋骨；静坐、练功的人，亦是苦其心志；那些做英雄事业之人，则是空乏其身：三者殊途而同归。

现在我们倘若能从劳其筋骨入门，自然也就可心志清净，近乎道矣！

总之，太极拳是“动中求静”，由静而达到静坐、内功所证到之境界，动静互相配合，则于身心的健康大有裨益，这是必然而无可否认的。

如何静坐问答录

陈运生　记录

一　一般问题
二　生理部分
三　心理部分
四　修行部分

一　一般问题

1. 没有师父指导，可不可以自己修学静坐？会不会走火入魔？

答：可以啊，没有什么不可以。现代人最流行讲走火入魔，其实没有什么火，也没有什么魔。只是对静坐的理论和方法搞不清楚，再加上下意识里有些神秘观念，引发精神、思想不纯净，自己造成幻境，这便叫走火入魔。像宋明理学家们大都讲究静坐，没有走火入魔过。因为他们静坐的要旨重在养心，讲究的是思想纯净，所以没有什么走火入魔这些鬼话。

2. 是不是在佛堂才能静坐？静坐是否一定要烧香、穿法衣再入座？

答：不一定，随便哪里都可以坐，无处不可坐。信仰佛教的人才要在佛堂、禅堂静坐。不是信仰佛教的人，哪里都可以坐，什么衣服都可以，什么形式都可以，静坐是共法，是佛法和一切其他宗教外道的共法。

3. 有家庭儿女、为生活奔波忙碌的人可不可以静坐？

答：当然可以啊。静坐是最好的休息。

4. 生理上天生有病或肢体残障可不可以学静坐？姿势不能完全达到标准有没有问题？

答：静坐主要的目的在心静，并不一定在乎姿势。心静了就是静坐，所以当然可以。

5. 静坐可不可以使身体恢复健康？

答：可以。

6. 过度疲劳、爱困的时候可不可以静坐？

答：疲倦想睡的时候静坐是休息。假使要做功夫的话，最好是精神好的时候，睡醒以后再静坐。

7. 静坐是不是一定要吃素？在家人吃荤可不可以静坐？

答：都可以。

8. 什么时候静坐最好？是否需要在固定的时间静坐？

答：什么时间都可以。道家喜欢子午卯酉，那是配合阴阳家（不是《易经》）的物理自然法则，注重时辰静坐，是做道家炼丹功夫用的，平常没有时间的限制。

9. 感冒生病时可不可以静坐？

答：当然可以。感冒生病时，能静坐反而会好得快些。

10. 很嘈杂的工作环境可不可以静坐？

答：可以“静”，不一定要静坐，在嘈杂的环境里摆出静坐盘腿的姿势，人家看你是怪相。其实心静在哪里都可以。

11. 有便秘、痔疮或者驼背的人可不可以静坐？

答：可以。心静对一切病都有利。

12. 怀孕的人可不可以静坐？

答：可以。可是没有练过盘腿的孕妇最好不要盘腿静坐。怀孕以前有盘腿习惯的人，当然可以盘腿，这都没有关系。

13. 有精神病的人（包括先天及后天受环境影响）可不可以静坐？静坐对他有没有帮助？

答：这个要看情形，也需要有人辅导。理论上静坐对精神病者绝对有好处，但是没有适当的人照顾辅导，有时候反而引起他更多的幻想，不太好。

14. 静坐的人可不可以常喝冰水？

答：看习惯而定。依照养生之道，最好是少喝为妙。

15. 静坐后可否立即洗澡？

答：这个没有问题。

16. 吃饱后可否立即静坐？

答：初学静坐的人，刚刚吃饱了不能静坐，因为肠胃正在忙着消化，不适合静坐。对静坐已经有心得的人来讲，吃饱了马上去静坐，一下子就消化了。初学的人最好吃饱以后，休息半个钟头到四十分钟再上座。至于肚子饿的时候可不可以静坐，初学的人最好是不要太饱也不要太饿。

17. 房事过后可不可以静坐？

答：可以。不过对初学的人来讲不太适合，最好是房事过后，休息好、精神足了再来静坐。

18. 静坐是不是有助于房事？

答：现在我们学的是静坐，不是学房事。如果把静坐积蓄起来的能量用来行房，拼命地动，同静坐的原则相反，损失更大。

19. 不洗脸、不漱口可以静坐吗？

答：静坐同这些琐事关系不大，暂不讨论，免得浪费时间。

20. 小孩子可不可以静坐？

答：也可以啊！静坐是养心，静下来就对了，如果是好奇，想求神通，那当然不好，就不要他静坐。

21. 应酬喝酒后可不可以静坐？

答：应酬喝酒醉了，你要他静坐，他也不干。要等他酒精消耗完了，消化好一点，安静一点的时候再静坐，静坐为的是养心。

22. 初学静坐有哪些正确的参考书？或读哪些佛家、道家的经典？

答：现在有关静坐的书很多，正确的有摩诃（大）止观、小止观，学佛的最好走这个路线，或者是《佛法要领》。学道家的最好看《性命圭旨》《悟真篇》，不过注解不要乱看，各家注的不同。其余的道书丹经很多，最好要审慎选择。

23. 静坐以后可不可以参加喜庆宴会等俗务应酬？或看无关修道的杂志文章和电视电影？

答：这些都没有关系，静坐并不妨碍普通生活。静坐以后去打滚都可以，你要跳舞也管不着。

24. 为什么要静坐？

答：这就要反问你自己了。

二　生理部分

1. 静坐时如何知道自己的姿势是否正确？

答：这要凭个人自己的感觉。从外在来讲，最好每个人对生理学、解剖学、医学都有点了解，甚至看看医学上标准的人体骨骼图片。内在方面，自己对不对要凭感觉。假定一个人对自己身体感觉都不灵敏，当然有问题。可是世界上对自己身体内部感觉很灵敏的并不多。这要经过静坐训练、有相当功夫的人，才会对自己内部身体感觉很清楚。这样可以养生、健康、长寿，所以关键还是看自己。

2. 静坐时身体会颤动、发冷、发热、发汗，这是什么原因？

答：假使是因为静坐的影响而有这种现象，这是病态的表现，因为身体内部本来有病，因静坐而引发宿疾，就使你感觉清楚了。如果病很轻微，因静坐发冷、发热、颤抖（动），身体就会自然好转。如果病比较严重，自己有医学知识的就晓得治疗，不然的话，要找医生研究。这是静坐的自然现象，不是静坐引起的毛病。这是好现象，自己就知道怎么样去保养治疗。

3. 静坐后体重增加或减轻怎么办？

答：不要太注意体重的变化。体重是受情绪、心理、生理、气候和饮食的影响，随时在变化。静坐不要注意这个，否则就是太注重身体，偏向唯物思想了。静坐是养心。

4. 静坐后精神奕奕，晚上睡不着怎么办？

答：静坐坐得好，本来可以断除睡眠。不要太重视这个问题。昼起夜眠和一天三餐一样，都是习惯所养成，不一定非要如此不可。学佛的人，视睡眠是魔障，是盖缠。如功夫到了不睡，一天当两天用，岂不更好。

5. 静坐中，有时不由自主地气动，身体摇摆不已，会跳动，或打神拳，该让它继续或停止？

答：那要看情形。人的两部分，一个是知觉（思想），一个是感觉。气动带来的现象属于感觉状态。身体里的气机发动，可以说是好现象，也可以说不是好现象。身体里哪里有障碍，气血流通时，它就自然反应发生这种现象。至于要让它发展或制止，就要靠智慧来判断了。有的人头脑很清醒、很正常，为了他的身体，可以让它继续，等于是最好的内在运动，使他身体恢复健康。如果是精神有问题，或是思想倾向神秘性的，最好立刻制止，不然演变下去变成乩童、跳神的人。如再加上神秘思想，就变成病态，不应该如此。任何一件事的好坏都看人的运用。

6. 为什么静坐后反而感觉腰酸、背痛、脚麻，觉得浑身是病，而且很容易受风感冒？

答：那是本来就有那么多病。和前面的问题一样，因静坐而反映出内在的病，并不是静坐导致你的病。腰酸背痛就是腰部有问题，如果自己不懂的话，赶快去看医生。

7. 静坐后会打嗝、放屁，是否有问题？在佛堂静坐时可不可以放屁？

答：静坐的时候最容易打嗝放屁，那是中宫的胃气要通了。普通人饮食过度，食道和胃肠都不大通的，多半有消化不良或者胃酸过多的问题。静坐坐得好，胃气通了，身体健康，上行是打嗝，下行到肠子，肠子不健康的话，有很多废气在里头，自然要放屁。道家有些观念，认为放屁是元气漏了，不管哪一种屁，拼命夹着肛门，不让屁漏出来，这是很危险的事。有些废气必须把它排泄掉，如果肠胃有问题，又忍屁不放，往往引起中毒的现象。可是对完全辟谷的人而言，不吃东西，肠胃清了，功夫到某一极点的时候，有一种屁是很难得的，不能放，放了会有漏精现象。究竟哪种屁是元气，哪种屁是精气，哪种屁是废气，要靠自己的智慧去体会，最好有废气就把它排掉。至于在佛堂里打嗝放屁，这是生理自然的现象，没有什么不敬的问题。所谓不恭敬，是故意造成的便不恭敬。如果是生理自然的反应，佛难道不慈悲吗？一个病人到佛堂，说这个病人很臭，应该赶出去，或者让他忍屁而死，那还叫作大慈大悲的佛吗？

8. 静坐后可不可以有性行为，是否必须戒绝房事？

答：这是个严重的问题。一般人学静坐有很多不同的目的，包括健康、长寿、修道、求神通、学佛、练功夫，不管是什么目的，基本上，静坐是要守戒的，不能漏精、射精，这是基本原理。但是有许多人学静坐就是为了性行为。尤其是男性，希望借着静坐把性工具练得坚强牢固，征服女性，以此为神通、快乐。如果是为了这种目的，则是自求早死，这是绝对不好的事。至于普通人静坐以后能不能有性行为，就看你自己静坐的目的是为什么。一般来讲，正常的性行为是可以的，不过要节制才是，不要随时随地去“做人”，太纵欲是有害的。

9. 静坐后，生理机能旺盛，性欲勃起，如何调伏？是否有彻底解决的办法？

答：这是最难的问题了，也是静坐第一关。大家学静坐，不管是为了健康长寿，或是修道、学佛，碰到这一关几乎都过不了，就自然会去做性行为。《楞严经》上也讲到这一关很重要。所谓性欲勃起，就是淫根勃起，佛经上把男女性器官叫作身根，也叫作外淫根。实际上真正的淫根不是这个工具，而是心念。最好的调伏方式就是把心念空了，如果能空掉心念，这个不是问题。普通人心念空不了，在工具上面想办法练气功、练各种调伏，是很难达到效果的。当然也有各种特殊的方法，以修道的立场来讲，最好的方法是减少饮食，肠胃空一点就很容易调伏。念头一空就回转了，回转来就变成身体最好的营养。

10. 女性月经期间，可不可以静坐？需要注意哪些事项？

答：对一般初学的人来讲，最好是休息几天。如果是学佛的人，走心地法门，念佛参禅，看空了身体的，那么，月经期间静坐，一点妨碍也没有，只有好处没有坏处。至于道家和其他做工夫——所谓练气血的，就要考虑一下，在这个时候故意锻炼气血，恐怕逆流反走，就形成气血不顺畅，反而变成病态；至于功夫好的人，就看她自己的经验了。只能说到这里，高深一层，以后再说。

11. 老年人（尤其更年期的人）静坐是否有需注意的

事项？

答：没有什么特别需要注意的。多注意心地法门，信佛教的最好念佛，信其他宗教的，也要以他的宗教信仰为主，这样静坐，只有好处没有坏处。

12. 为什么静坐后，有时会闻到檀香味？

答：这有两种情况，大部分是自己体内的变化。譬如说，静坐坐得好，效果达到脾胃净化，就会产生檀香味或其他香味；如果肝脏有了好的效果，就会产生一种清香的味道。本来人体内部是香的，都是自己心念不好，生理不健康，所以搞得很臭。另外一种情况是外力的加持，如佛菩萨感应所带来的檀香味，这是宗教上的现象。

13. 有心脏病、高血压、糖尿病等疾病的人，可不可以静坐？

答：当然可以静坐。不过，要走心地法门，注意思想念头，只管心念，好好养心，那只有好处没有坏处。如果想做各种功夫，就需要有专门内行的人指导。

14. 静坐坐得好，会一直拉肚子，不知道是什么原因？

答：对静坐坐得好的人来讲，拉肚子是好事，表示气脉走通了，在清理肠胃。我所知道的，有人甚至一天拉一二十次，最后像水泻一样，拉一次清爽一次，那是静坐的效果到了，没有什么问题。不过，不要将病态的腹泻当作好现象，那是不对的，病态就要用医药才好。

15. 静坐坐得好，会经常漏丹，不知道是什么原因？

答：漏丹原是道家的名称，后来佛家也通用这个“丹”字，就是普通所谓的“精”，漏丹就是遗精。真正的精不只包括两性的精虫卵子，还包括各种气的作用。遗精的途径很多，包括梦遗、醒着遗，性交中早泄、遗精、阳不举、阳痿，都是性荷尔蒙（内分泌），乃至整个身体荷尔蒙衰弱的毛病，所以丹也同全身荷尔蒙，包括脑下垂体荷尔蒙、甲状腺荷尔蒙、肾上腺荷尔蒙、性腺荷尔蒙等内分泌通通有关。丹漏了就是病态，不太好，最好静坐坐到不漏丹。不漏丹身体绝对健康，可是不论男女，几乎没有一个人能做到不漏丹。

道家的理论和现在生理学不同，精是气化的，这个气不是空气，也不是呼吸之气，而是元气，也就是生命能所变化出来产生的。想要炼精化气，使身体健康、长生不老，甚至成佛成仙，第一项条件就是戒淫，断除性行为。道家所谓“百日筑基”，起码一百天，将近四个月期间完全不漏丹，心理上还要完全不动淫欲之念，这个才是初基打好。不过，初基打好并不算成功，还要“十月怀胎”，等于一个女人，胎儿在肚子里要好好保养。百日筑基加上十月怀胎，是一年两个月，生理上要没有遗精或性行为的射精，心理上也要很平静，像婴儿一样没有淫欲。“十月怀胎”以后还要“三年哺乳”，这是比方的，要像婴儿生出来还要哺乳，至少三年，要这样不漏丹，这就是四年两个月了。然后等“婴儿”长大，这中间当然也不能漏精，如果漏掉了，“婴儿”就长不大。四年两个月以后是“九年面壁”，所以总共要十几年不漏丹。以后还要不要漏呢？问神仙去。总之，修成功了，起码也要十几年，所以不漏丹这个问题讲起来有那么严重。不漏丹是初步，一般人学打坐，据我所知，大部分的人不坐还好，越坐越漏，漏得厉害，甚至还故意去漏，那就免谈了。

16. 有时特别烦躁，无法静坐，怎么办？

答：那是心理问题，或是心脏、肝脏有毛病，都是身体内部有不健康的地方，就要注意。

17. 有时静坐会不想起来，也不想办事，怎么办？

答：那要看什么情形。有一种人是身体完全没有感觉，那是病态，要治疗。不过病态到这样的人比较少。普通静坐有一点点效果也会这样，这要能够自由做主才对，有心意能够坐得住才好，而且在静坐中发生心理生理的舒畅喜乐才是对的。

18. 瑜伽术、气功与静坐入定有没有关系？

答：都有好处。

19. 有口水来时怎么办？

答：缓缓咽下去。

20. 后脑有声音不停怎么办？

答：不要注意它，越注意越厉害，那是气向脑部走，头部气脉快要打通以前的现象。不理它，气自然就走通了，真正走通以后，还有更美妙的境界。

三　心理部分

1. 静坐时听到特别的声音（幻声）及看到一些光影幻象，怎么办？

答：这些都是心理作用所影响，也有一小部分是由生理内部变化所引起的。这要记住《金刚经》上的一句话，“若见诸相非相”，知道一切是幻境，不理它就好。这些幻声幻象并不是坏事，那是静坐进步当中的一种现象。如果当成有神通、有鬼神，就是迷幻成真，最好停止静坐。

2. 静坐时看到鬼怎么办？

答：也同前面的问题一样，一切都是自己下意识的幻想，就唯识的道理来讲，都是独影境或带质境。换句话说，都是下意识的精神状态，不是真实的。只要把道理搞清楚了，一点都用不着害怕。

3. 静坐时胡思乱想不已，怎么办？

答：那很难办。要走心地法门，那要多研究佛学啰！我也没办法帮助你，只能够叫你空。佛也只能说“住一切皆空”，怎么空？佛、神仙都没有办法帮你空。

4. 静坐时容易昏沉睡着，怎么办？

答：昏沉睡着有两种问题。一种是心理问题，心情沮丧、精神不好，会容易昏沉。一个是生理问题，身体、头脑不健康也有这种情形。最好是睡够了再起来静坐。

5. 静坐时觉得心灰意冷，人生无望，想自杀，怎么办？

答：这个，佛都没有办法救你，要自己看空。至于说为了灰心去静坐，已经不对了。既然灰心，就不会静坐；既然静坐，又要灰心，那不晓得为了什么。这都是心理问题，必须自求解脱。不过，要想一想：自杀以后，到另外一个世界，那边使你更灰心怎么办？

6. 静坐中突然想笑，有时又想哭，不知为什么？

答：这是心理状况引起的，第六意识不能做主，就会跟着这个现象乱跑。少部分也是生理状况引起的。肺和心脏的气走动了，就会喜欢笑；肾脏同肝脏的气走动了，会有悲观流泪的现象。但大部分还是心理因素，这要检查自己的心理。

7. 静坐如何观想光明点？观想丹田可不可以？丹田的位置究竟在哪里？

答：这个问题已经超过静坐的范围，完全是密宗与道家所注重的问题，属于佛法修持和修道的范围。修道学佛的人，不一定要观想光明点，可以观想的很多，譬如佛像。现在道家错误的解释，肚脐下一寸三分叫下丹田。其实下丹田的位置依每个人的体型、手指长短而有不同。正确的量法是以每个人中指中间一截的背面为标准长度，从肚脐往下量这个长度，就可以找到下丹田。中丹田在膻中，上丹田在眉心、间脑这里。上丹田、中丹田、下丹田，道家叫作三个丹田，所以观想的时候，把这个光明点定在哪一个丹田，要看什么程度、什么时候。而且真正的明点不是观想出来的，而是修道学佛的人功夫到达某一境界，光明出现，那才是真正自性的明点。观想的明点不算是真的，而且不要摆在下丹田，尤其是女性，千万不要这样，否则对身体不好。这是学佛修道的专门问题，要专门研究。

8. 为什么数息数两下就忘了，观想佛也想不起来，白骨观也观不起来？做这些功夫有什么用？

答：那是学佛的专门问题，至于为什么做不起来？因为心念不能止，不能专一。学佛能够训练到心念专一，也不昏沉，也不散乱，这是已经有了相当基础，谈何容易啊！至于说做这些功夫有什么用？这太专门了，各有专书，不能笼统地讲。

9. 学习静坐的人在日常生活、办公时，应如何练习定力？

答：那就要看你的定力了。定力同静坐可以说有关联，也可以说没有关联。有定力的人，就算不学静坐，也可以日理万机，事情虽然多，头脑还是很冷静，心情也很平静。至于说，静坐坐得好，练出定力，用来做事，那要相当的功夫了。怎么样去练习？方法太多了，要实际去做，不是空谈理论的事。

10. 为什么静坐后，亲情、友情、手足之情、男女之情反而更觉浓厚、更难割舍？该如何排遣？

答：这是智慧问题，不是静坐的问题。不过因静坐，头脑清楚了，自己发现情重，并不是静坐使你多情。这是心理同生理状态，由形而下到形而上，要先研究佛学再讲。

11. 静坐有了某种定力，可以把他人、世界和事件分隔开来，与我自己的内在漠不相关，得到一种逃开的宁静。可不可以用这种方法？用坏了会不会精神分裂？

答：大体上这是很好的事情，不会有精神分裂的问题。但是细微思想很多的话，就等于双重精神状态了，那要注意。

12. 什么是健康的心理状态?

答:这个很难讲了,正常的人心理状态就是健康的(一笑)。怎么叫正常人,很难下定论。以佛眼看来,这个世界,便是病态的变相,人生,也多是变态的。

13. 如何克服恐惧感?

答:这要道理上看通了。有宗教信仰的人可以念经、念咒,实际上这还不是究竟,究竟是要道理看通,检查自己的心理,为什么恐惧。

14. 脾气大、嗔心重怎么办?

答:这也要道理搞清楚,检查自己的心理状态。这个不是静坐可以解决的。

15. 怕死怎么办?

答:最好死了以后再研究。(大笑)

四　修行部分

1. 如何炼化精气神？

答：方法太多了。所有的佛经、道家的书籍和印度瑜伽术都在这个问题上转，这个问题太大了，大哉问。

2. 何谓奇经八脉？

答：普通的经脉属于神经系统、血管系统，奇经不是属于血管系统，也不是普通的神经，是另辟一路的，有八个脉，就是八条气化之路。奇经八脉不完全属于肉体生理的部分，而是生理跟神经结合的部分。

3. 在睡眠中怎么用功？

答：既然睡眠，就不会用功了。既然用功，就不会睡眠了。

4. 入定与睡眠有何不同？

答：这两个名称就不同。入定有各种定境，各种现象。定这个字很简单，一个念头，等于一个珠子一样，把它定住在那里，永远是这颗珠子，那个叫入定。珠子不只一颗，还有各种各样的东西，所以定有各种各样的境界。千万注意，不要把静坐当作入定，那就错了。静坐是初步练习，将来功夫高了，可以因静坐或学佛修道，进入你要的境界，那个叫入定。睡眠是大昏沉，当然不是静坐的定境。

5. 静坐如何入定？入定后应如何？

答：静坐是静坐，入定是入定。入定是佛家、道家专有名称，看你要修哪一禅定，百千法门，各有不同。“定”字本身的意义就是把一个东西定住，念头像一颗钉子钉住，像一颗珠子放在那里，珠子是活动的，把它定住，摆在一个中心点，专一不动。钉子、珠子都是作比喻，比喻有百千三昧，三昧是梵文翻译，是百千种方法，使你达到“定”的境界。定是心定，身体跟着定，气脉也跟着定了，这个叫“定”。入定的方法有很多种，所以佛教的念佛参禅，其他宗教专一的做礼拜、祷告，没有杂念妄想，定到一个念头上，乃至道家做各种功夫，密宗的各种观想，都是入定的方法。但是定了就是悟道了吗？不是。定跟悟道大有差别，静坐得定是一般宗教、哲学共有的功夫，所以叫作“共法”；证得菩提、大彻大悟、悟道成佛，那个大智慧的解脱——“般若”，是不共法，佛法的真正中心就是智慧的解脱。我们普通学静坐同入定还没有关系，坐个几天几夜都不动，只能说静坐坐得好，是不是达到入定的境界是另一个问题；而且达到入定的境界，同是不是悟道、智慧解脱了没有，又是另一个问题，不能混为一谈。

6. 三际托空以后该如何？

答：三际托空是佛学禅学的名称，太专门了，超出静坐的范围。那是把心分作三段处理，前一个念头让它过去，后面的念头未来，中间的这个念头当下就空灵了，这个叫三际托空，并不是佛法的究竟，而是最初步的空念头的练习。实际上，中间这个念头的空灵还是意识境界的空灵，这里头还要起慧观，就是智慧的观察。所谓一切方法，皆如梦如幻，这是假观；一切方法即假即有，这是幻观，也是假观。然后一切方法的本体即有即空，即幻即空，这是空观，还属于三际的前后两头；然后非空非有，即空即有，自性本来能生万法，亦能空万法，这就进入中观；中观以后，中字还要舍掉，即是达到毕竟空，空还要毕竟舍掉，这些都属于佛学的范围。

7. 什么是出阴神、出阳神？跟化身、意生身有何关系？

答：出阴神、出阳神是道家的观念；其实懂了唯识的道理，有时阴神、阳神还是属于独影意识的境界。拿道家来讲，普通能够出神，都属于独影意识的境界，都是阴神；真正出阳神，那要到达即身成佛境界，第八阿赖耶识整个转了。这种独影意识跟化身、意生身当然有关系，修成功了，独影意识也变成化身，意识也可以化身去了。修不成功啊，一切都是幻想、魔境，这个也是学佛修道专门的问题。

8. 坐中见佛、梦中见佛与实相见佛有何不同？

答：静坐中见佛、睡梦中见佛、实相见佛当然不同啊，这个问题本身已经是答案，不要问我了。

9. 静坐时看到影相，有先知的能力，但时真时假怎么办？如何鉴别？

答：静坐有时有先知，小事蛮灵，大事反而不灵，都是第六意识、独影意识境界。至于说灵不灵、对不对，这些问题是专门的，慢慢去参究，暂时不告诉你。如果把这个当成神通，认为很灵，久了以后就进入神通二号——神经境界，要特别小心。

10. 开悟与静坐有何关系？是否要开悟非静坐不可？

答：开悟和静坐可以说有关系，也可以说没有多大关系。真正的开悟不一定要静坐，但是如果为了开悟而学静坐，这也是应该。

11. 什么是“三花聚顶、五气朝元”？

答：三花是“精、气、神”，气脉到头顶上通开了就是“三花聚顶”。五气就是金、木、水、火、土，也就是代表肺、肝、肾、心、脾，这些内脏都绝对健康了叫作“五气朝元”，这两句话合起来的意思就是奇经八脉、气脉都通了。

12. 如何鉴定一个人有道无道？

答：这个很难讲，这个问题不答。有道的人一定慈悲喜舍、戒定慧俱足，很明显的。

13. 悟道有什么用？悟后又如何？

答：悟了道以后好吃饭、好睡觉。（大笑）

14. 天眼通、天耳通、神足通、宿命通、他心通如何修炼？程度差别如何？

答：其实人都通的嘛。吃了饭会拉屎、耳朵听得到、眼睛看得见，这都通啊。至于说那些神通，有专门的修法，自性本来具备神通，要大彻大悟以后，那又属于佛法范围，以后专门再讲。

15. 有了神通可不可以表演？

答：有神通的人都不表演，表演的叫魔术。

16. 悟道的人是否一定具足神通？

答：那有两种情形。有些人悟道了，不要神通。有些人悟道了，有神通。至于一般人想学道、修神通的，已经是不通，表演神通更是魔道，那叫作要魔术。

17. 报化身成就，是否非双修不可?

答：不一定，不应作如此说。这是佛法专门的问题，不在此讨论。

18. 禅宗三关在功夫境界上怎么讲?在菩萨果位上如何说?

答：这些在《禅海蠡测》中都有，这里不谈。

老顽童的话

韩振声

前曾听过南师怀瑾讲《道德经》，经一年有余，对于佛道的理论，稍有印象。突于去年（一九七一年）十二月二十八日偶访南师，承蒙厚爱，嘱于本年元月一日来此打七。届时来此，毅然决定七天未离会门。每日上下午各静坐四次，行香四次。每晚小参，由南师指定同学们各诉心得或感想，有三至四时。同学们计有三十五位，美国人有白先生、沙邦欣，态度诚恳，意志专一，令人起敬！有西藏德吉女士，三十岁左右，由大陆来，经过种种艰难困苦，真是死中求生，故此，曾叫她为活菩萨，是因其喜笑颜开，活泼可爱。嗣经南师讲到佛中苦况，她就放声大哭，经师指责其应肃静，她就默然无闻，俨然到入定状态，如此又叫她为定菩萨。盖此，非开玩笑，实因其真情流露，吾以为离佛不远矣。尚有明仪法师、许崇禹、王征士、钟德华、刘修如、刘大镛、张东生、叶士强诸位先生，听其报告，悉为修养有素，得道之士，令人望尘莫及，以上是感触中一般情形。再就理论和静坐实况略述之：

（一）理论的：南师所讲以佛理为宗，配合以道、儒两家取证，三家说法虽然不同，而其真理则一。第一天开始即指明

“心地法门”“克期取证”，前者就是研究人生之究竟，当时命题曰：“我是谁?”“谁是我?”七天之内虽有千言万语，公案层出，无非都是研究“这个”。后者就是拿出佛、道、儒三家之经典取证，再举出人之日常生活终不能离乎“这个”。然我如笨牛，仍然不能明白“这个”。但绝不灰心，今年不成，再待来年，以至若干年，虽释迦牟尼之圣佛，尚经六年苦行，十二年苦修，始可成佛，如我之心乱如麻，不脱凡俗，岂能一二年之有成乎?

（二）次言静坐，余学静坐将近两年，每天一次不过半小时，并无什么进步。在此七天之内，每天有八个半小时，除腿仍感麻木外，其他似已感觉不一样。有时觉得热气周流，有时感冷风护身，这种情况不知是进步呢? 还是退步呢? 师说如此是进步。故回家后仍照旧静坐，但每天仅有三个半小时。

初到时根本不知打七是什么。每逢行香，师必打香板数次，打板时众皆站立，即开始讲道，讲毕再打一下，又开始行香，十余分或二十分，就上去静坐。如此一连七天，听到的很多，懂得的很少，悟的更少。最后两天，师就指明“我即是佛”一语，忽悟到就是答复“我是谁”的结论，“我即是佛”，已无疑义。但“我”有“真我”“假我”之别，“真我”是一点灵明，在父母未生我以前，本来具有。至生来以后在婴儿时灵明尚多，逐年长大灵明渐失，愈长大则欲望愈多，智识愈高，而灵明愈为尘埃蒙蔽，就等于真我丧失。然欲恢复本来面目之“真我”，非加修持不可。此七天之打七，就是修持之道，所谓“禅定”是也。“禅”者消灭妄念也，“定”者意念专一也。譬如释迦牟尼身为太子，不愿继承王位，应该娶妻纳妾，享受荣华富贵，但他俱不乐为，一心要出家，苦行六年，以至于十二年，受了种种折磨困苦，终至成了佛祖，此非具有道根慧根，曷克臻此。至于五官俱全之我，看形相虽是我，实是假我，因灵明没有，不知何时臭皮囊一丢，就归于“空”了，此即佛经上“色”即是“空”，“空”即是“色”之原理也。此理是真理，永恒存在；又名天理，是自然生成，无论何时何地俱可适用，均为佛、道、儒三家之所共同主张，惟说法稍异耳。“真人即是佛”，固然可质疑，然如何始能做到“真人”乎？佛法有“戒定慧”之修持，道家有“虚极静笃”之素养，儒家有“仁诚公”之教条，而均以“心性”为基础。佛曰“明心见性”，道曰“修心炼性”，儒曰“存心养性”，此心性之研究，即属心地法门之课程。

七天内举证甚多，解释甚详，不曰跳下山崖，即曰放入大海，或断臂指，或拧鼻子，或打掌踢脚，均可悟道成佛，而皆是在本来心地上追求，并不是向外处寻觅。所谓“直指人心，见性成佛”。又曰“道不远人，远人非道”“道者不可须臾离也，可离非道也”。人之所以为人，就在有无“道在人心”。“人心有道”，是本来具有，但因欲望日多，就变成私的人心，所谓“人心惟危”，危险下去，焉能成佛？“人心”减少，自能恢复本来的“道心”，“道心惟微”，虽微而离佛不远矣。人生有三大关，一生死关、二名利关、三美人关。此三关确实不易渡过，佛法列入戒条，名为三戒，即贪、嗔、痴。贪为三关之戒条，嗔为争气好胜之戒条，痴者，妄自尊大，如有一技之长，或智识丰富，即以为了不起，此即先入为主之成见，适为满招损之结果，佛家名为知识障碍，不惟招损，且碍成佛，此尤为戒条中之重要者也。墨子摩顶放踵——兼爱，能成佛；杨朱拔一毛利天下而不为，亦可成佛，因其有真性，果能修持，自可成佛。所畏者，既自私，又损人，利己而损人，是强盗，尚不失人类，若再加以作伪骗人，那就成为魔鬼，魔非人类，自难成佛。尝闻道家成仙，通称为“真人”，自然“灵光独耀，迥脱根尘”；佛称为“真如”，或“如来”。如来，就是不失其本来，本来就是真性仍存，此两称呼，乃为得道成佛所宜有也。

东方出版社南怀瑾作品

论语别裁

孔子和他的弟子们

话说中庸

原本大学微言

孟子旁通（上）

梁惠王篇　万章篇

孟子旁通（中）

公孙丑篇　尽心篇

孟子旁通（下）

离娄篇　滕文公篇　告子篇

维摩诘的花雨满天

金刚经说什么

药师经的济世观

圆觉经略说

楞严大义今释

楞伽大义今释

禅话

禅海蠡测

静坐与修道

禅与生命的认知初讲

禅宗与道家

定慧初修

如何修证佛法

学佛者的基本信念

大圆满禅定休息简说

洞山指月

老子他说（初续合集）

庄子諵譁

列子臆说

我说参同契

中国道教发展史略述

易经系传别讲

易经与中医（外一种：太极拳与静坐）

小言黄帝内经与生命科学

漫谈中国文化

金融　企业　国学

廿一世纪初的前言后语

易经杂说

新旧教育的变与惑

南怀瑾讲演录 2004—2006

南怀瑾与彼得·圣吉

关于禅、生命和认知的对话

历史的经验（增订本）

中国文化泛言（增订本）